はじめに

本書は、保育士等キャリアアップ研修における専門分野別研修「保護者支援・子育て支援」に対応したテキストです。

現代は、子育て家庭を取り巻く環境も多様化しており、保育所は仕事と家庭を保護者が両立できるように支えるだけではなく、さまざまな家庭のニーズに対応しながら支援することが求められています。さらに、児童虐待相談対応件数の増加や子どもの貧困が顕在化しているなかにあって、親子に身近な施設として、親子の異変にいち早く気づき支援することが期待されています。そのため、保育所保育士には、保育のスキルはもちろんのこと、保護者を支えるためのスキルも身につけることが求められています。

しかしながら、保育所保育士が子育て支援を行ううえでも基盤とするのは、子どもや保育に関する知識や技術です。本書の5名の著者は、保育士は保育を行いながら、保護者に対する支援（＝保育相談支援）をすでに担っていると考えています。そのことを前提としつつ、本書は、すでに実践している保育相談支援の知識や技術を可視化し意図的に活用できるようになること、さらに、ソーシャルワークなど、子育て家庭の多様なニーズに対応するために必要な知識や技術を学ぶことを目的としています。

子育て支援は、保育士以外にも心理士やソーシャルワーカー、保健師など、多様な専門職が担っています。それぞれの専門性を生かして実践することが大切であり、その専門性を自覚せずに取り組むことで保育士が疲弊してしまう恐れもあることから、第１章では、子育て支援がなぜ必要なのか、保育士の行う子育て支援とは何か、その原理原則を示しています。そして、子育て支援は、子どもではなく大人を対象とすることから、第２章では、対人援助を担う専門職に共通する原理やスキルを示しています。第３章では、子育て支援に生かせる保育所の特性や保育士の専門性を示したうえで、保育相談支援について具体的に解説しています。第４･５章では、事例をもとに解説をすることで、より実践に即して学べる内容としています。さらに、専門分野別研修は３年目以上の保育士が対象となるため、本書では、相談援助と保育相談支援を整理し示すことで、３年目の保育士が自身の専門性を自覚し、実践につなげやすい内容となるよう構成しました。ただ、より経験がある保育士や管理職層の方でも活用できる内容となっています。

なお、厚生労働省の保育士等キャリアアップ研修ガイドラインにおける【専門分野別研修】研修分野が「保護者支援・子育て支援」として示されていますが、本書では第1章において「子育て支援」と「保護者支援」との関係を整理したうえで、本書の題名を『子育て支援・保護者支援』としていることをお断りしておきます。本書が、子育て支援・保護者支援に対する理解を深め、保育とともに子育て支援のスキルを高める一助になること、さらには、親子の関係が安定し、子どもの生活がより豊かになる一助になることを願っています。

2021年1月

編者を代表して　徳永聖子

6

保育士等キャリアアップ研修シリーズ

子育て支援・保護者支援

保育士等キャリアアップ研修ガイドラインとの対応

本書の目次構成は、以下のとおりです。厚生労働省雇用均等・児童家庭局保育課長「保育士等キャリアアップ研修の実施について」雇児保発0401第1号、平成29年4月1日の「(別添1)分野別リーダー研修の内容」に示されている学びの内容に準拠するよう構成しております。

本書の構成	保育士等キャリアアップ研修ガイドライン
第1章　子育て支援・保護者支援の理念と原理 1-1 子育て支援・保護者支援の定義と意義ならびに系譜 1-2 子育て支援・保護者支援の原理 1-3 保育士の子育て支援・保護者支援の専門性 1-4 保育士の子育て支援・保護者支援の専門性と倫理	**保護者支援・子育て支援の意義** ● 保護者支援・子育て支援の役割と機能 ● 保護者支援・子育て支援の現状と課題 ● 保育所の特性を活かした支援 ● 保護者の養育力の向上につながる支援
第2章　子育て支援を行うための原理と基本 2-1 対人援助における基本原理 2-2 対人援助における基本的スキル 2-3 社会資源の理解	**保護者に対する相談援助** ● 保護者に対する相談援助の方法と技術 ● 保護者に対する相談援助の計画、記録及び評価
第3章　保育相談支援 3-1 保育所の特性を生かした支援 3-2 保育所を利用している保護者に対する支援（保護者支援） 3-3 地域の子育て家庭に対する支援（地域における子育て支援）	**地域における子育て支援** ● 社会資源 ● 地域の子育て家庭への支援 ● 保護者支援における面接技法
第4章　保育所におけるソーシャルワーク 4-1 保育所内の体制構築 4-2 家庭の状況に配慮した個別支援の実際	**虐待予防** ● 虐待の予防と対応等 ● 虐待の事例分析
第5章　子ども虐待および貧困家庭に対する支援 5-1 子ども虐待の理解と対応 5-2 子どもの貧困	**関係機関との連携、地域資源の活用** ● 保護者支援・子育て支援における専門職及び関係機関との連携 ● 保護者支援・子育て支援における地域資源の活用 ●「子どもの貧困」に関する対応

第1章 子育て支援・保護者支援の理念と原理

第2章　子育て支援を行うための原理と基本

4-2 家庭の状況に配慮した個別支援の実際

第5章 子ども虐待および貧困家庭に対する支援

5-1 子ども虐待の理解と対応

5-2 子どもの貧困

第 1 章

子育て支援・保護者支援の理念と原理

第１節：子育て支援の定義ならびにその意義を子どもの発達、保護者の生活の実情などから整理し、さらに、子育て支援の系譜をたどる。あわせて、子ども・子育て支援制度の意義などについて学ぶ。

第２節：子育て支援や保護者支援の原理ならびに構造について学ぶ。とくに、よりよい親子関係の構築や保護者の養育力の向上などがその基本原理であることを理解する。

第３節：保育士の専門性を生かした保護者支援である保育相談支援について学ぶ。また、保育相談支援と保育や相談援助などとの関係について理解する。

第４節：保育士が行う子育て支援・保護者支援の専門性の内容について学ぶ。また、保育士の責務と倫理について理解する。

1-1

子育て支援・保護者支援の定義と意義ならびに系譜

1 子育て支援（地域子育て家庭支援）の登場

子育て支援[*1]が叫ばれるようになったのは、そんなに古いことではない。わが国において、もともと子育ては、親族や地域社会の互助を中心に行われていた。戦後にできた児童福祉法はこの互助を前提とし、地域の互助においては対応できない子どもや家庭があった場合に、その子どもを要保護児童と認定し、行政機関が職権でその子どもを保育所（市町村）や児童養護施設（都道府県）等の施設に入所させて福祉を図るという構造をとった。隣人が子どもに注意を与えたり、互いに子どもを預け合ったりする関係も普通に行われていた。しかし、20世紀のとくに後半、高度経済成長とともに地域社会の互助は崩壊に向かい、その結果、そうした前提そのものが崩れ、子育ては急速に閉塞的な状況を示すようになったのである。こうして出現したのが、子育て支援（地域子育て家庭支援）という概念である。

本節においては、子育て支援の概念、その歴史的系譜と施策や支援の内容について整理し、あわせて、保護者支援の意義等について整理する。

2 子育て支援（地域子育て家庭支援）、保護者支援の定義をめぐる検討

（1）「家庭」の定義をめぐって

「家族」に関する定義はさまざまに試みられているが、「家庭」についての定義は少ない。高橋[1)]は、家庭の定義として「家庭とは、家庭を構成する成員相互が、情緒に基づく相互作用を行うことによって、生理的、社会的、文化的、保健的欲求を充足するシステムである」と提示している。そして、「家庭を構成する成員とは家族及びこれに類する人びとである」としている。ちなみに、「家族」について森岡[2)]は、「夫婦・親子・きょうだいなど少数の近

＊1　子育て支援は経済的支援や労働政策などを含む幅広い概念であるが、ここでは、地域子育て家庭支援とほぼ同義の用語として、「子育て支援」を用いる。

親者を主要な成員とし、成員相互の深い感情的な係わりあいで結ばれた、第一次的な福祉志向の集団である」と定義している。

また、網野[3)]は従来の家族、家庭の定義を検証し、家庭とは、「親族的・血縁的絆を主にして、心理的・情緒的絆によって成立する家族成員で構成される基本的生活の場」と定義している。また、基本的生活の場としての家庭には二つの側面があるとして、物理的絆の場であり、家族成員の生活が営まれる場所（home）と、心理的絆の場であり、家族成員が情愛的な相互作用を通じて、個々の基本的ニーズを充足する場所（family）の二つをあげている。

このように、「家庭」はその「機能」のほか、「場」、「システム」を強調する概念として用いられており、また、親子、血縁の結びつきに焦点を当てる「家族」に比べて、「より「生活」に焦点を当てた概念である」[4)]ということができる。また、「子ども」とは児童福祉法でいえば18歳未満の者であり、子育て家庭とは、「18歳未満の子どもを育てている家庭」ということになる。なお、里親子がともに暮らす場も、家庭概念に含まれる。

（2）諸分野における定義の検討

柏女[5)]は、「子育て（家庭）支援」について、「子どもの成長発達および子どもが生まれ、育ち、生活する基盤である親や家庭における子どもの養育の機能に対し、家庭以外の私的、公的、社会的機能が支援的にかかわることにより、子どもの健やかな育ちと子育てを保障・支援する営みの総称である」と定義している。このなかでは、子育てに対する支援全般、たとえば経済的支援や労働政策なども包含する概念として定義を試みた。橋本[6)]は、この定義やほかの定義を通覧したうえで、わが国における「地域子育て支援」についての定義を試みている。

一方、亀﨑[7)]は、子育て家庭への支援を示す類似概念をその支援対象によって整理し、「「家族支援」を最も上位として、順に「家庭支援」、「子育て支援」が続き、さらにその下位に「保護者支援」・「保育相談支援」・「保育指導」が位置付けられる」としている。このように、本書のテーマに沿って言えば、「子育て支援」が最も上位の概念であり、その下に「**地域子育て家庭支援**[*2]」があり、その下位概念として「保護者支援」があるといえる。

ちなみに、わが国における類似の用語として、教育分野においては「家庭教育支援」の用語が用いられている。また、子ども家庭福祉政策において家庭支援の用語が用いられたのは、平成期に入ってからである。**厚生省児童家**

＊2　ここでは橋本の「地域子育て支援」をより明確化して「地域子育て家庭支援」の用語を用いる。

庭局企画課[*3]は、平成元年度予算の旗印が「心豊かな子どもを育てるコミュニティプラン」であり、その4つの柱のなかに「家庭支援相談体制の確立」があることを示したうえで、家庭支援の定義について「児童が生活する基本的な場である家庭に対して種々の支援の手をさしのべることにより、家庭および児童の福祉向上を図ろうとする理念」としている。そして、厚生省（当時）は、いわゆる子どもと家庭110番を中心として家庭支援相談体制を確立する「家庭支援相談等事業」を開始したのである。

3 子育て支援と保護者支援の定義

（1）子育て支援と保護者支援との関係

本書のテーマは「子育て支援・保護者支援」であり、まずは前述した「子育て支援」に関する諸問題について整理・解説し、その後に「保護者支援」について解説するのが適当である。なお、**旧保育所保育指針（2008）**[*4]においては、保育所の子育て支援機能として、まず「保育所に子どもを通所させている保護者に対する支援」があり、これを「保護者支援」とよび、続いて、地域に在住する子育て家庭に対する支援を「地域における子育て支援」として整理することも行われている。

ここでは、その考え方を一部採用し、「保育所等の特定教育・保育施設に子どもを通わせている保護者に対する支援」を「保護者支援」とよぶこととする。また、「子育て支援」は、前述した定義に見るとおり経済的支援や労働政策、保育士以外の者が行う支援をも幅広く包含する概念であるが、ここでは、主として保育士が行う「地域子育て支援」（保護者支援を含む）と同義として「子育て支援」の用語を用いることとする。また、本書は保育所保育士を対象とするテキストであることから、子育て支援における支援者は保育士であることを前提とする。つまり、**保育士が行う子育て家庭（保護者を含む）に対する支援を「子育て支援」**とよび、**「特定教育・保育施設に子どもを通わせている保護者に対する保育士の支援」を「保護者支援」**と定義しておきたい。

＊3　柏女は当時、厚生省児童家庭局企画課児童福祉専門官を務めており、担当者として本稿[8)]を執筆した。

＊4　保育所保育指針は2018年4月から新・保育所保育指針が施行されているが、新指針は、幼児教育施設として「教育」の視点を従来の福祉施設としての指針につぎはぎ的に加筆した様相が強く、これまでの指針の人間観、発達観、保育観を見えにくくしてしまっているため、本章では旧版の保育所保育指針から引用することを原則とする。なお、新指針においても、その理念は変わらないことを付記しておく。

（2）子育て支援の定義

以上をふまえ、また、本書における「子育て支援」を定義すると、以下のとおりである。

> 子育て家庭が生活を営む地域を基盤とし、子どもの健やかな成長発達に焦点をあて、家庭を構成する成員、特に親子の主体性を尊重しながら、家庭・個人を含めた全ての社会資源と協力しつつ関係機関や地域住民等が協働して子どもの育ちと子育てを支え、また、よりよい親子関係の構築をめざす営みであり、さらに、地域の子育て環境をも醸成する支援の体系・内容・方法の総称をいう。

この定義においては、

①子どもの成長発達を図ることが第一目的であること
②あくまで親子の主体性を尊重する支援であること
③親子間のより良い関係の取り結びを促進することを主眼としていること
④そのために、地域のさまざまな社会資源が協働して取り組む営みであること
⑤子の支援のみならず子育てにやさしい地域社会づくりをも視野に入れた取り組みであること

の５点を重視している。このように、子育て支援とは、子育て中の親の育児を肩代わりするものでも、親子の支援のみを対象とする営みでもないことを心にとどめておきたい。

そして、前述したとおり、そのなかの「特定教育・保育施設に子どもを通わせている保護者に対する支援」を「保護者支援」とよび、本書では、いずれも、保育所保育士による支援を中心とすることとする。なお、ここからは、原則として、地域の子育て家庭に対する支援について「地域における子育て支援」の用語を用いる。

これまでの説明について簡潔に図式化すると図表１-１のとおりである。

図表1-1 本書における子育て支援、保護者支援の概念図

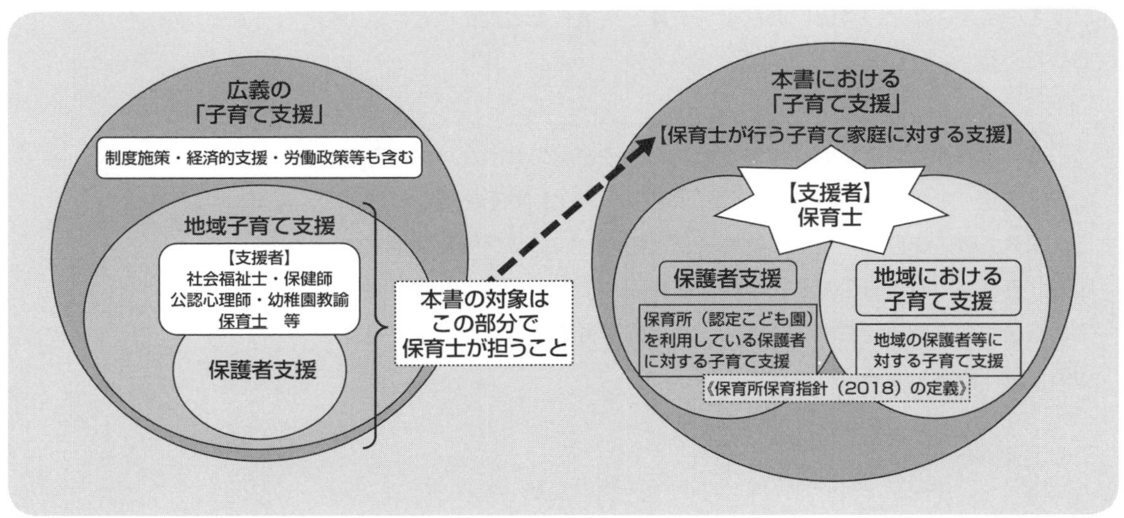

出所：柏女・徳永作成

4 子育て支援の背景 ― 子どもの発達と親の状況から ―

（1）発達とは

子育て支援を考える際、子どもの発達の視点を抜きにすることはできない。そのことは、前述の子育て支援の定義において「子どもの健やかな成長発達に焦点をあて……」としていることからも明らかである。

学問上の定義は発達心理学等のテキストに譲るとして、2008年３月に厚生労働大臣告示として公布された旧「保育所保育指針」第２章は、発達について以下のように定義している。すなわち、「子どもの発達は、子どもがそれまでの体験をもとにして、環境に働きかけ、環境との相互作用を通して、豊かな心情、意欲及び態度を身に付け、新たな能力を獲得していく過程である」とし、そのうえでとくに大切なこととして、「愛情豊かで思慮深い大人による保護や世話などを通して、大人と子どもとの相互の関わりが十分に行われることが重要である。この関係を起点として、次第に他の子どもとの間でも相互に働きかけ、関わりを深め、人への信頼感と自己の主体性を形成していくのである」と述べている。特定の大人との愛着関係の成立を起点として、人間の発達をとらえているといえる。

人間の発達を生涯発達の視点からとらえ、心理社会的発達理論として理論化したのはエリクソン,E.である。エリクソン[9)]は、人間の発達は漸成的構造をもち、ある発達段階の発達課題の克服のうえに次の段階に進んでいくと

いう視点を示し、人間の発達と段階ごとの課題を、口唇感覚期から円熟期まで8段階に整理している。たとえば、その第一段階には「基本的信頼」があり、それが達成されない場合に「不信」という課題が生ずることとされる。次項の愛着理論にも通ずる考え方である。

（2）愛着関係の形成と子育て支援

愛着理論を提唱したのは言うまでもなくジョン・ボウルビィ（Bowlby,J.）である。網野[10]はボウルビィ,J.の愛着（アタッチメント：attachment）の考え方をその著**『母子関係の理論』**から引用し、「乳児は、生後12週から6か月頃までの段階にいてある特定の人物を識別して最初の対人関係を確立する。その時期から2歳頃までの段階で、子どもは特定の人物への愛着を形成する。この両者間の情愛的結びつきは、両者を空間において硬い結びつきをもたらし、時間を超えて永続する。この愛着関係が安定したものであれば、その関係性の質的永続性を保って、その後の対人関係が漸次的に組織化され、安定した関係性を構築し保持していく」としている。渡辺[11]は、ボウルビィの愛着理論の創設に触れつつ、「愛着理論は今日、人類の普遍的なサバイバル原理であることが承認されている」、「ボウルビィの研究から半世紀以上経た今日、愛着理論は国際的に検証され、その内容も多岐にわたり細かく吟味されながら発展している」と述べている。

また、愛着理論に関連し、近年の脳科学の進歩を通して、間主観性や生気情動、コミュニケーション的音楽性等についての研究が進められている。それらをふまえ、渡辺[12]は、「しかし母親に不安と緊張があると、母子の音楽的なやりとりは生まれない」と述べている。このように、最近の諸研究により、親と子どもの愛着関係の形成や基本的信頼感の醸成、子どもの成長にとって、親の精神的安定や孤立防止がいかに重要であるか示されている。子育て支援は、何より子どもの発達にとって必要なサービスといえるのである。

5 子育てと生活の実情

（1）実情の概観

子育て支援を考える際には、子育て家庭が置かれている現状とその社会的背景等について視野に入れておかねばならない。子育て家庭、保護者の生活の現状については、社会の格差の進展が指摘されるなかで、女性就労の一般化と父親の長時間就労の実態が指摘できる。さらに、就業形態の多様化もみられる。また、**しつけ、子育てに自信がない層が増加傾向**にある。

KeyWord

母子関係の理論

Bowlby,J.（黒田実郎ほか訳）『母子関係の理論Ⅰ,Ⅱ,Ⅲ』岩崎学術出版社 1976-1981。なお、このほか、ボウルビィのアタッチメントに関する重要な文献としては、Bowlby,J.（黒田実郎訳）『乳幼児の精神衛生』岩崎学術出版社 1967などがある。

KeyWord

しつけ、子育てに自信がない層が増加傾向

厚生労働省の全国家庭児童調査によると、「しつけや子育てに自信がない」と回答する親の割合は調査のたびに増加し、1999年度は17.6%（1989年度は12.4%）となっており、とくに片働き家庭（19.2%）に高い傾向がみられている。ちなみに、2004年度、2009年度の同調査においては、選択肢が改訂されているので厳密な比較はできないが、子育てに自信がもてない割合はともに21.4%となっている。こうした傾向は、政府、民間調査機関の複数の調査においても実証されている。

家庭の養育基盤・機能が弱体化する傾向がみてとれる。地域のつながりの希薄化等も進行し、地域の安心・安全が阻害されている状況が指摘できる。さらに、若年層の非正規雇用就労の増加とともに所得格差が大きくなりつつあり、子ども、若者の貧困問題も顕在化している。

(2) 育児の単相化 ― 複相的育児から単相的育児へ ―

こうした子育て動向の背景には、網野のいう育児の単相化、すなわち、複相的育児から単相的育児への移行がある。網野[13)]は、都市化、工業化、核家族化の流れは「男は仕事、女は家庭」のパラダイムを浸透させ、その結果、「それまでの複相的育児、つまり多世代家族や多様な階層関係、近隣関係のなかで、両親、特に母親に限らない多面的な育児が、次第に単相的育児、つまり縮小した階層関係、希薄化した近隣関係、そして次第に強まる核家族化のなかでもたらされる両親、特に母親による限定的な一面的な育児が必然的に進みだした」ことを指摘し、この現象を「育児の単相化」と表現している。

そのうえで、育児の単相化は、「子育ての不安定性や孤立感と不安、そして子どもにとって必要不可欠な多様なモデリングの対象となる大人たちとのかかわりの不足や親準備性の不足に結びついていく」と述べている。こうした傾向は、共働き家庭の母よりも専業主婦の方が育児不安や育児に自信がないと答える割合が高いことにも示されている。さらに、育児の単相化が、いわゆる私物的わが子観をも強めていくこととなるのである。子育て支援は、こうした単相的育児の見直しを進めることから始まるともいえる。

6 子育て支援の系譜

(1) 子育て支援の到達点

こうした環境の変化を受け、政府はこの間、施策幅の拡大、施策の普遍化、権利擁護の進展の３点を中心としつつ、子育て支援を含む子ども家庭福祉施策の改革を時代にあわせて進めてきた。しかし、こうした漸進的な改革では待機児童問題や子ども虐待件数の増加など急変する現代社会の実情に十分対応することができず、ついに、政府は、抜本的な子ども家庭福祉・保育施策の改革を行うこととしたのである。これが、高齢者福祉施策の抜本的改革として2000年に導入された介護保険制度に倣った仕組みとしての子ども・子育て支援制度の導入である。

2012年８月、子ども・子育て支援法等子ども・子育て関連三法が公布され、その後の準備を経て、2015年度から子ども・子育て支援制度が施行されている。社会的養護も、家庭養護、家庭的養護の推進をめざして新たな道に

KeyWord

待機児童問題が発生

保育所入所児童は1994年４月現在の159万人余で底を打ち、同年、緊急保育対策等５か年事業が開始されたことを受け、翌年から増加の一途をたどることとなる。当時は在宅子育て支援サービスがほとんど普及しておらず、いわゆる保育に欠ける子どものための施設である保育所に利用希望が集中していった。

KeyWord

主務省令で定める3事業

児童福祉法第21条の９第１項は、狭義の法定子育て支援事業のほか次に掲げる事業であって主務省令で定める子育て支援事業を着実に実施するよう必要な措置を講じなければならないとし、以下の３事業を掲げている。

1 児童及びその保護者又はその他の者の居宅において保護者の児童の養育を支援する事業
2 保育所その他の施設において保護者の児童の養育を支援する事業
3 地域の児童の養育に関する各般の問題につき、保護者からの相談に応じ、必要な情報の提供及び助言を行う事業

踏み出すこととなった。なお、障害児童福祉は、一足早く2012年度から地域生活支援をめざして大きく改正されている。子ども・子育ては、利用者の尊厳と個人の選択を重視した新たな船出を始めたといってよい。

(2) 子育て支援事業の系譜

子育て支援に関する事業は、1993年度創設の地域子育て支援モデル事業や1994年度の主任児童委員制度、ファミリー・サポート・センター事業創設を経て、2003年の次世代育成支援対策推進法と同時に成立した改正児童福祉法において、初めて法定化された。それまでは、制度上は、前述したとおり、子育て支援は親族や地域社会の互助において行われるとの視点に立っていたため、児童福祉法には保育所をはじめとする施設サービスが中心で、放課後児童健全育成事業や子育て短期支援事業などの在宅福祉サービスは、ほとんど法定化されていなかった。

ところが、こうしたシステムが限界に達し、施設サービスである保育所に利用希望が集まるようになったことも一因となって**待機児童問題が発生**し、かつ、子育ての負担感が増大するに至って、政府は、子育てに関しても、高齢者や障害者の介護と同様、在宅福祉サービスを法定化することとしたのである。これが子育て支援事業であった。

2003年改正児童福祉法においては、「子育て支援事業」を新たに法定化し、それを放課後児童健全育成事業、子育て短期支援事業のほか、**主務省令で定める3事業**に類型化した。そして、**市町村**に対して、子育て支援事業に関する情報の収集および提供、相談・助言、利用の斡旋、調整、子育て支援事業者に対する要請等を行う責務を規定した。

2009年度から施行された改正児童福祉法は、これをさらに充実させるものであり、具体的には、①乳児家庭全戸訪問事業、②一時預かり事業、③地域子育て支援拠点事業、④養育支援訪問事業、といった子育て支援事業が法定化された。

さらに、2012年の子ども・子育て支援法の制定および児童福祉法改正により、2015年度から地域子ども・子育て支援事業として13種類の事業が法定化され、消費税財源の追加投入により充実が図られていくこととなった。そのなかでは新たに、利用者支援事業、子育て援助活動支援事業(ファミリー・サポート・センター事業)が法定化された。とくに、利用者支援事業においては、市町村を中心として保育や母子保健、子育て支援サービス等の利用援助を図るとともに、地域においてソーシャルワークが展開できるためのシステムづくりが目標とされる。さらに、2015年度には、子育て支援にかかわる地域人材の確保を図る子育て支援員研修制度も創設されている。

KeyWord

市町村

児童福祉法第21条の11第1項には、「市町村は、子育て支援事業に関し必要な情報の収集および提供を行うとともに、保護者から求めがあったときは、当該保護者の希望、その児童の養育の状況、当該児童に必要な支援の内容その他の事情を勘案し、当該保護者が最も適切な子育て支援事業の利用ができるよう、相談に応じ、必要な助言を行うものとする」と規定されている。

7 子ども・子育て支援制度の創設 ― 利用者の選択と権利の保障 ―

(1) 子ども・子育て支援制度の創設とその意義

こうした経緯を受け、2015年度から、**子ども・子育て支援制度**が始まった。子ども・子育て支援制度の創設については、2003年の「社会連帯による次世代育成支援に向けて」と題する報告書を厚生労働省に設置された研究会が公表して以来の懸案であり、12年越しの構想の実現ということになる。新制度の特徴は以下の4点であり、いわば育児への介護保険モデルの適用であり、かつ、従来からの懸案であった幼保一体化の推進であるといえる。

①保育需要の掘り起こし（保育の必要性の認定）
②保育需要に見合うサービス確保の仕組み（認可制度改革、確認制度）
③必要な財源の確保（消費税財源）
④幼保一体化できる仕組みの実現

民主党政権への交替により急きょ取り入れられた「幼保一体化」の視点を除いて、本制度の淵源は、2000年の介護保険法施行ならびに社会福祉法の制定・施行、すなわち社会福祉基礎構造改革にさかのぼることができる。その年、高齢者福祉制度において介護保険制度が創設された。また、障害者福祉制度において支援費制度が始まり、それは2006年の障害者自立支援法施行に基づく障害者施設等給付制度につながった。

子ども家庭福祉・保育においては、紆余曲折を経て、2015年度から子ども家庭福祉・保育制度の一環として子ども・子育て支援制度が創設されたのである。これで、高齢者福祉、障害者福祉、子ども家庭福祉・保育の3分野それぞれに、狭義の公的福祉制度と利用者の権利と選択の保障を重視する給付制度との併存システムが実現したことになる。

子ども・子育て支援制度は、いわゆる社会づくり政策としての福祉改革と、人づくり政策としての教育改革とが結びついた結果として生まれた制度である。この制度の背景は、①待機児童対策、②地域の子どもを親の事情で分断しない、親の生活状況が変化しても同じ施設に通えること、③幼児期の教育の振興、3歳以上の子どもに学校教育を保障、④全世代型社会保障の実現、の4点といえる。そして、その根底を支える理念は、いわゆる**ソーシャル・インクルージョン（social inclusion：社会的包摂）**でなければならない。すべての子どもと子育て家庭が、切れ目のない支援を受けられる社会、

子ども・子育て支援制度

子ども・子育て支援制度は、現在でも子ども・子育て支援新制度と呼称されているが、子ども・子育て支援法施行後は、子ども・子育て支援法に基づく基本指針により「子ども・子育て支援制度」と総称されることとなる。したがって、政府は通称としてしばらくは「新制度」としているが、ここでは「子ども・子育て支援制度」の用語を用いる。

乳幼児期から質の高い教育を受けることができる社会をめざすことを主眼としなければならない。しかし、過渡期としての現在は、幼保が三元化するなど複雑化している。このようにまだまだ課題は多く、社会づくりはまだ始まったばかりである。

(2)「利用者の選択と権利の保障」をめぐって

前述したとおり、子ども・子育て支援制度の創設により、高齢者福祉、障害者福祉、子ども家庭福祉・保育の３分野それぞれに、狭義の公的福祉制度と利用者の権利と選択の保障を重視する給付制度との併存システムが実現した。しかし、子ども家庭福祉分野におけるそれはかなり複雑なものとならざるを得ない。その理由については、山縣[14)]も考察を進めている。

山縣は、給付制度は基本的に契約制度であるが、子どもは民法上の未成年であり法的な契約の主体とはなりえない。したがって、保護者が「子の利益のため」（民法第820条）に契約を取り結ぶこととなる。そのため、子どもの最善の利益を図る公的責任を遂行するためには、保護者との関係を調整する作業が必要となる。つまり、保護者の意向をどのように位置づけるかが大きな課題となるのである。とくに、子ども虐待などの場合は調整に困難を伴うと考察している。

そのうえで、こうした現状について山縣は、「社会福祉界全体の動きである利用者本位の考え方が、子ども家庭福祉分野においても浸透してきている。しかしながら、親権や契約行為の制限、加えて、養育に関する保護者の第一義的責任を強調する傾向のなかで、理念としての「子ども中心（主義）」が、実践としての「子ども中心（主義）」を一部阻害しているというのが子ども家庭福祉分野の置かれている状況である」と述べている。

筆者は、こうした課題を克服するための子ども家庭福祉サービス供給体制のあり方の検討を続けており、そのための補完的なシステム、具体的には、苦情解決制度や契約を補完する職権保護の仕組み、さらには専門職の適切なパターナリズムの発揮と第三者機関によるチェック、未成年後見制度や司法関与の充実等とあわせた供給体制の整備が必要と考えている。

ソーシャル・インクルージョン（social inclusion：社会的包摂）

ソーシャル・インクルージョン（社会的包摂）とは、イギリス、フランスなどにおける近年の社会福祉再編の基本理念の一つであり、失業者、ホームレスなど社会的に排除されている人びとの市民権を回復し公的扶助や就労機会の提供等を通じて、再び社会に参入することを目標とする考え方のことである。わが国において政策目標としてのソーシャル・インクルージョンが注目されたのは、2000（平成12）年に報告された「社会的な援護を要する人々に対する社会福祉のあり方に関する検討会」報告書が最初である。報告書は、「包み支え合う（ソーシャル・インクルージョン）ための社会福祉を模索する必要がある」と述べ、新しい社会福祉のあり方を提示している。

1-2 子育て支援・保護者支援の原理

1 これからの子育て支援の方向性

前述したとおり、もともと子育て支援は、歴史的には主として血縁、地縁型のネットワークによって担われてきた。しかし、こうした従来の子育て支援ネットワークが弱体化し、それに代わるべき子育て支援事業、保育サービスなどの社会的子育て資源の整備とそのネットワークが求められるようになった。柏女[15)]は、旧厚生省時代に事務局の一員として作成した「たくましい子ども・明るい家庭・活力とやさしさに満ちた地域社会をめざす21プラン研究会」報告書」(略称：子どもの未来21プラン研究会報告書)[16)]をふまえ、これからの子ども家庭福祉、地域子育て支援の方向性として、以下の7点を提示している。すなわち、

①「保護的福祉」「児童福祉」から「支援的福祉」「児童家庭福祉」へ
②「血縁・地縁型子育てネットワーク」から「社会的子育てネットワーク」へ
③「与えられる(与える)福祉」から「選ぶ(選ばれる)福祉」へ
④「点の施策」から「面の施策」へ
⑤「成人の判断」から「子どもの意見も」へ
⑥「親族の情誼」「家庭への介入抑制」から「子権のための介入促進」へ
⑦「保護的福祉(welfare)」から「ウェルビーイング(wellbeing)」へ

の7点である。このうち、①から④は地域子育て家庭支援の視点から、⑤、⑥は子どもの権利保障の視点から、⑦は福祉理念の視点からの方向性である。

2 保育所保育指針にみる「子育て支援」の原理

また、旧保育所保育指針(2008年告示版)は、保護者支援の原理を総則に

示し、その支援原理を第6章において以下の②の7点提示している。ここで、（1）、（2）、（4）は目的を示す原理であり、（3）、（5）、（6）、（7）は手段を示す原理といえる。

①保育所は、入所する子どもの保護者に対し、その意向を受け止め、子どもと保護者の安定した関係に配慮し、保育所の特性や保育士等の専門性を生かして、その援助に当たらなければならない。（旧保育所保育指針第1章総則）

②保育所における保護者に対する支援の基本

（1）子どもの最善の利益を考慮し、子どもの福祉を重視すること。

（2）保護者とともに、子どもの成長の喜びを共有すること。

（3）保育に関する知識や技術などの保育士の専門性や、子どもの集団が常に存在する環境など、保育所の特性を生かすこと。

（4）一人一人の保護者の状況を踏まえ、子どもと保護者の安定した関係に配慮して、保護者の養育力の向上に資するよう、適切に支援すること。

（5）子育て等に関する相談や助言に当たっては、保護者の気持ちを受け止め、相互の信頼関係を基本に、保護者一人一人の自己決定を尊重すること。

（6）子どもの利益に反しない限りにおいて、保護者や子どものプライバシーの保護、知り得た事柄の秘密保持に留意すること。

（7）地域の子育て支援に関する資源を積極的に活用するとともに、子育て支援に関する地域の関係機関、団体等との連携及び協力を図ること。（旧保育所保育指針第6章、2008）

このなかでは、保育士が行う保護者支援・子育て支援の目的を示す原理として、とくに（2）と（4）に注目する必要がある。（2）は保育者が保護者とともに子育てを行い、その成長をともに喜ぶという姿勢である。また、（4）は、子どもと親との関係性に着目し、親と子の関係の仲立ちを行うことを重視する視点である。お迎え時に子どもの様子を伝え、また、子どもの笑顔を引き出して保護者に見せることにより、仕事疲れで余裕のなくなった親に「子どもがかわいい」と感じてもらうような働きかけが重要とされる。また、気持ちに余裕のない親の話を受け止め、心を軽くすることも、親子関係の修復には重要である。こうした支援により、壊れやすい親と子の心の架け橋をより強固にしていく働きかけが重要である。

3 その他の子育て支援の原理

また、柏女[17]は、近年の子どもの育ち、子育て家庭の現状や施策の動向をふまえた場合に必要とされる原理について、以下の視点を提示している。

①発達段階とライフコースに応じた切れ目のない支援―子どものいない生活から子どもと暮らす生活の創造への支援

子どものいない生活から子どもと暮らす生活への切り替え（第二子出産なども含む）には、これまでの生活とは異なるストレス・コーピング（ストレスへの対処）が必要になる。子どもを通じた新たな社会関係をつくっていくことも必要になる。こうしたストレスを乗り越えていくための支援が必要である。

②親子の絆の形成と紡ぎ直し

親子の絆は親子だけでは形成できない。絆はもつれやすいものであり、誰かが間を取りもったり、親子間に介入して絆の紡ぎ直しをしたりするなど、第三者の存在があって初めて親子の絆が形成されていくことに留意が必要である。

③多様な人とのかかわりの保障

子どもに多様な大人との、あるいは子ども同士のかかわりを保障していくことが、子どもに多様なコミュニケーションの機会を保障し、子どもの健やかな育ちに寄与する。子育てひろばや子ども同士の交流のための場の保障が必要とされる。

④育ち直し、自身の境遇を引き受けることへの支援

被虐待児童などの場合、自らの責任ではない事情によって引き受けなければならなかった施設入所などの境遇に対する一定の納得を得るための支援、あるいは温かで一貫したケアの継続によって育ち直しの支援を行うことが必要とされる。また、社会的養護のもとで暮らす子どもたちに対する生い立ちの整理としての**ライフ・ストーリー・ワーク（LSW）**も重要である。

KeyWord

ライフ・ストーリー・ワーク（LSW）

社会的養護のもとにいる子どもたちにとって、自らのルーツを知り、歩んできた人生を整理することは、自らのアイデンティティの確立、自己同一性の獲得にとってきわめて重要である。そのことが、自分自身を受容し、また、他者を受容することにつながるのである。

⑤子どもの安心と安全、権利を守る

子育て家庭支援の最終的なミッションは、子どもの安心、安全、権利を守ることにある。親の人生や生活を支援することが子どものためになることも多いが、虐待、ネグレクトの場合などでは最後は子どもの側に立つことがミッションとなる。

⑥次世代育成支援のための地域、まちづくり

子育て支援の目的は、個々の子育て家庭の支援のみにとどまらない。地域に同種の問題が起きないよう仲間づくりや子育てにやさしいまちづくりをめざす視点が必要とされる。

4 子ども家庭福祉における子育て支援の構造

図表 1 - 2 は、2016年児童福祉法改正後のわが国の子ども家庭福祉における子、親、公、社会の関係を整理したものである。この図に基づき、子育て支援について考えてみたい。

これによると、まず、子どもの権利条約第 5 条や児童福祉法第 2 条第 2 項に親・保護者の子どもの養育に関する第一義的責任が規定され、民法第820

図表1-2 子ども家庭福祉における子、親、公、社会の関係

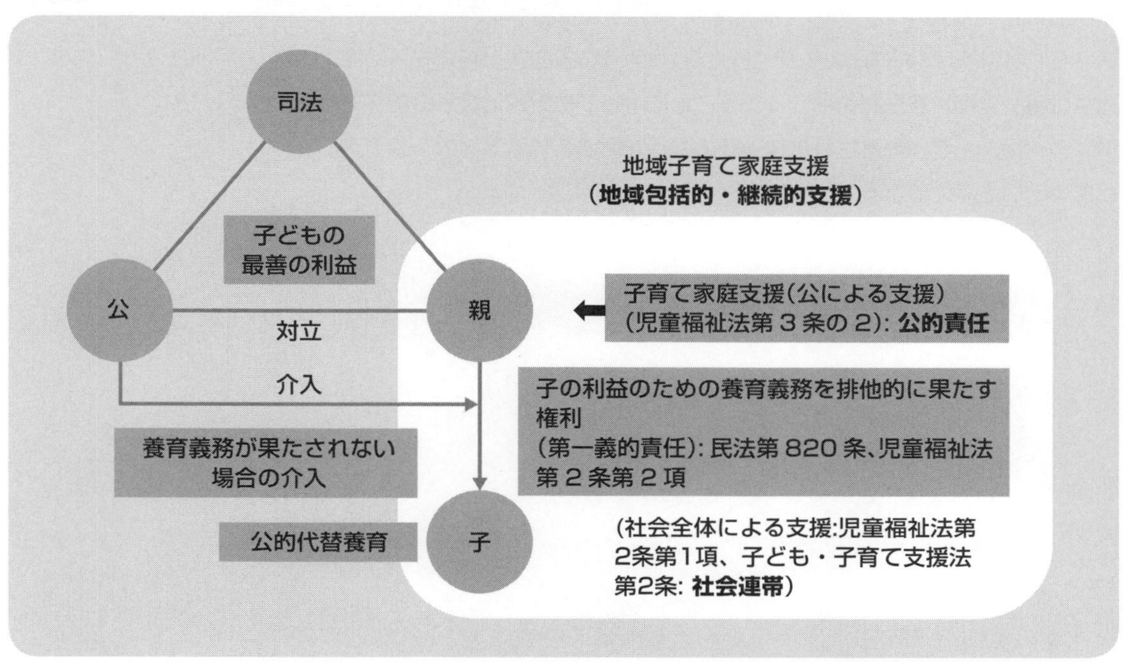

出所：筆者作成

条には、親について、子の利益のための養育義務を排他的に果たす権利が規定されている。そして、この養育義務が適切に果たせるよう、親・保護者に対する国・地方公共団体の子育て支援義務（児童福祉法第2条第3項、第3条の2）、国民全体の努力義務（同第2条第1項）が規定されている。

そのうえで、親・保護者が子の利益のための養育義務を子育て支援によっても適切に行使することができないと公（国・地方公共団体）が判断した場合には、公的介入を親子関係に対して行うこととなる。この場合の介入を正当化する原理が「子どもの最善の利益」（子どもの権利条約第3条、児童福祉法第1条）であり、この介入によって親による養育が不適当と判断されれば、公が用意した代替養育のもとに子どもが入ることとなる。こうした公の介入と、排他的に養育義務を果たす権利を有する親・保護者の意向とが相容れない場合には、司法が「子どもの最善の利益」を判断基準として審判を行うこととなる。これが、子ども家庭福祉供給体制の基本構造であるといえる。

これに加え、「公」を中心とした子育て支援に対し、地域を中心とする子育て支援はこうした「公」による支援に加えて、児童福祉法第2条第1項に規定する国民、言い換えれば、社会全体による支援を要請する。それは、子ども・子育て支援法第2条にも通ずるものである。そして、その組み合わせによる重層的支援の仕組みが展開されるのである。

この場合、子育て支援は、（1）親子が住む地域における子育て支援（図表1-2右側）、（2）親子関係に介入して行う支援（図表1-2左側）、（3）親子関係を再構築するための支援（図表1-2左から右へ）の3つの次元で考えられなければならないということがわかる。つまり、子育て支援には、通常の親子支援、親子関係に介入することによって結果的に親子の関係を修復する支援、一度引き離された親子間の関係を再統合する支援の3つの類型があるといえるのである。

1-3

保育士の子育て支援・保護者支援の専門性 — 保育相談支援 —

1 子育て支援活動の類型と保育相談支援

子育て支援活動において展開される援助技術にはいくつかの方法がある。アプテカー（Aptekar.H.H.）[18] は、代表的援助方法であるケースワーク（casework：個別援助技術。近年はソーシャルワーク（social work）に総称される）、カウンセリング（counseling）、心理療法（psychotherapy）のそれぞれの関係について整理している。これに、子育て支援活動の技術である助言指導（ガイダンス：guidance）、ならびに親トレーニング、保育士の保護者支援技術体系である保育相談支援を加えた、６つの技法の相互の関係を整理すると、図表１-３のようになる。

すなわち、ソーシャルワークは、より外在化されたニーズに対して具体的

図表1-3 子ども家庭福祉援助方法の相対的位置関係

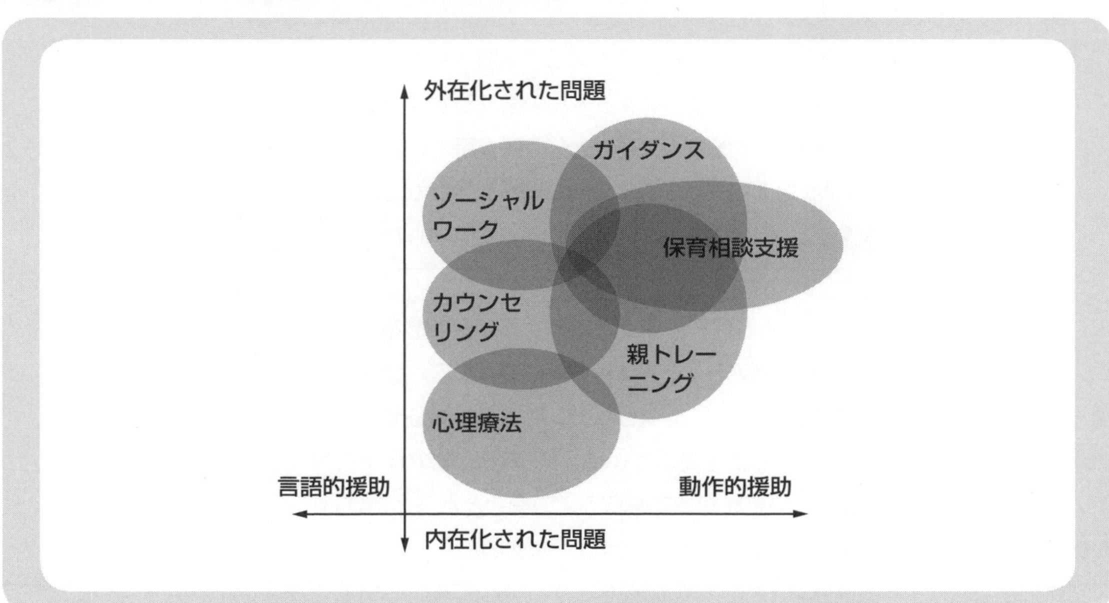

出所：柏女霊峰『子ども家庭福祉論［第5版］』，誠信書房，2018，p.201

サービスを通じて援助することに重点をおき、反対に心理療法は、より内面化されたニーズに対して治療的にかかわることに重点をおき、カウンセリングはその中間に位置すると、一般的には考えられるのである。さらに、保育相談支援は、言語的援助とともに動作的援助をその体系にもっていることが大きな特徴とされる。

2 保育士の子育て支援・保護者支援の専門性 — 保育相談支援 —

事例に見る保育相談支援

事例1-1 お迎え場面で子どもと父親との関係をよりよくする支援を行った事例

父親が保育所4歳児クラスのお部屋にお迎えに来ると、4歳の女の子Aちゃんは「あっ、お父さんだ！」とうれしそうに飛びつき、Bくんと遊んだことをすぐに話し始めます。仕事で疲れ、早く家に帰ってゲームの続きをしたい父親は、そんなAちゃんの話を立ったままおもしろくなさそうに聞いています。

その場に、担当保育士がやってきてAちゃんの隣にひざまずき、「そうだったよねぇ」などとあいづちを打ちながらAちゃんの話を興味深く聞き始めました。Aちゃんは、保育士がしっかり話を聞いてくれるのでうれしくなり、保育士の顔を見たり、父親の顔を見上げたり、忙しく顔を動かして話し続けました。

それを聞いていた父親はいつしかうれしそうに話すAちゃんのかわいい笑顔に引き込まれ、保育士と同じようにAちゃんの前でひざまずき、Aちゃんの話を聞き始めました。保育士はAちゃんの保育所での様子について、「Bくん、すごかったよねー」とAちゃんの同意を得ながら父親に語り始めました。父親も、その話をうれしそうに聞いていました。

この事例は、保育所保育士による保育相談支援に関する事例である。父に対して楽しかったことを一生懸命話そうとするAちゃんに対して、父親は、早く家に帰ってゲームの続きがしたくてたまらない。心ここにあらずといった感じで立ったまま、Aちゃんの話を聞いている。保育士はその様子を見て、父親に保育所でのAちゃんの姿を知ってもらうよい機会ととらえ、Aちゃんのそばに行ってAちゃんと同じ目線になるようひざまずいた。

これにより、Aちゃんは保育士が自分の話をしっかり聞いてくれていることを確認し、それをバネにして、さらにお父さんに語りかける。父親は、A

ちゃんのその姿がとてもかわいいと思え、保育士がしたように自分もひざまずいてAちゃんと同じ目線になって話を聞き始める。

ここから読みとれる、保育相談支援にかかわる技術として、二つの技術がある。一つは、子どもと同じ目線になるようにひざまずき、話を聞くことである。これは、子どもとの関係づくりに有効で、保育士の専門性である保育技術の一つ「関係構築の技術」である。また、もう一つの技術としては、父親が保育士の姿を見て、保育士と同じように子どもの目線になり話を聞き始めたという部分から、「行動見本の提示」という保育相談支援の技術が読みとれる。

子どもとの関係づくりについて見本を示す行為が、父親のAちゃんへのかかわりに大きな影響を与えている。つまり、保育士は、保育士の専門性である保育の知識・技術を活用して、保護者にそれを「見本を示す」という方法で伝えている。そして、そのことが、父と子のよりよい親子関係づくりにつながっているのである。

3 保育相談支援とは何か

(1) 保育相談支援の導入

2011年度入学生から、保育士養成校において導入された保育士養成課程で、「保育相談支援」が演習形態で1単位必修科目として創設された。2019年度入学生から新たに導入されている新保育士養成課程においても、それは「子育て支援」の科目に引き継がれている。

保育相談支援は、児童福祉法第18条の4にいう「児童の保護者に対する保育に関する指導」について具体的に学ぶことが重要であるとして新設された。2009年4月からの旧保育所保育指針においては、「保育士の専門性を生かした保護者支援」の必要性を明記したことが画期的なことであった。そして、その業務は、**旧保育所保育指針解説書**[*5]において「保育指導」と命名され、定義がなされた。この「保育指導」業務において使用される技術体系が「保育相談支援」なのである。

ただ、保育指導は、あくまで保育所保育士の業務として定義されている。しかし、保育士の業務は保育所のみにとどまらない。保育所以外の児童福祉施設その他の働く場においても、保育所保育士の保育指導業務は幅広く展開されているのである。ただ、本書においては、「保育相談支援」は保育所保育士に限定した援助技術と整理しておきたい。

＊5 2008年版保育所保育指針と同年に出された解説書である。厚生労働省「保育所保育指針解説書」フレーベル館，2008

(2) 保育相談支援の意味すること、定義

保育相談支援の内容について、2011年の標準シラバスにおいては保育相談支援の意義のほか、前述した2008年度版保育所保育指針第６章の保護者支援の７つの基本の主要事項とその実際についての教授が求められている。また、保育所以外の児童福祉施設における保育相談支援についても学ぶこととされている。

したがって、**保育相談支援の定義**は、旧保育所保育指針解説書における保育指導の定義*6をそのまま使うことができ、ここでは、「保育相談支援とは、子どもの保育の専門性を有する保育士が、保育に関する専門的知識・技術を背景としながら、保護者が支援を求めている子育ての問題や課題に対して、保護者の気持ちを受け止めつつ、安定した親子関係や養育力の向上を目指して行う子どもの養育（保育）に関する相談、助言、行動見本の提示その他の援助技術の体系である」と定義しておきたい。

なお、この場合の保育とは、児童福祉法第18条の４にいう「保育」であり、社会的養護を含む18歳未満の児童に対するケアワーク業務も含めている。そして、この業務の専門性は、ソーシャルワーク（相談援助）やカウンセリングなどとは異なる保育士に固有の専門性であると考えられる。

(3) 保育相談支援を学ぶということ

保育相談支援は保育士養成課程に導入されることとなったが、保育相談支援の体系化はまだ十分ではない。前述した事例のように、保育士は、従来から、種々の保育・養護の専門性を活用しながら保護者支援を進めてきた。しかし、それが十分に自覚されておらず、したがって、体系化もされていないために社会から十分認知されず、経験知、暗黙知として受け継がれてきた経緯がある。また、保育の専門性を活用した保護者支援の技術の体系化やソーシャルワーク、カウンセリングなどの専門的技術との関係整理もなされないままであった。

そのようななか、保育士の業務に、子どもの保育のみならず子どもの保護者に対する支援が必要となり、保育士がソーシャルワークやカウンセリングの力を身につけるべきだとの論議が高まり、これまでの保育士養成課程改正で「社会福祉援助技術」（演習）が２単位必修とされるなど、他分野の専門性の導入が図られてきたのである。そして、2009年度養成課程改正において、保育士独自の保護者・子育て支援の援助体系ともいうべき「保育相談支

＊6 筆者は2008年度版保育所保育指針並びに同解説書の作成にワーキング・チームの一員として参画し、同じく委員として参画していた橋本真紀氏とともに、これまでの研究からこの定義を導き出している。

援」が導入されることになったのである。その意味では、保育相談支援は、現職の保育士こそが学ぶべき固有の援助技術体系であるといえる。

4 保育相談支援の内容 ― 保育相談支援の専門性体系化の必要性 ―

このようにして保育相談支援は新保育士養成課程に導入されることになったが、今後は、保育相談支援を保育士独自の専門性としてしっかりと体系づけ、保育やソーシャルワークとの関係などについても整理することが必要とされる。

柏女･橋本らは、保育所保育士の保育相談支援を、「保育の知識・技術と保育相談支援の知識・技術の組み合わせによる保護者支援が、保育士の専門性を生かした保護者支援である」との視点に基づいて、これまで26の**保育相談支援技術**[*7]を抽出してきた。そのなかには、社会福祉士や公認心理士などの対人援助専門職に普遍的な技術のほか、保育士に固有の保護者支援の技術が多数含まれている。そして、これらの知識・技術は、保育所をはじめとする児童福祉施設等において多様に用いられていると考えることができるのである。

ちなみに、保育所における保育士の保護者支援は、たとえば、①子どもを通した支援、②日常会話による支援、③送迎時の支援、④連絡帳・通信による支援、⑤環境による支援、⑥行事等を用いた支援、⑦相談・助言、⑧子ども虐待等のハイリスク家庭への支援など多彩なものが想定され、こうした場面や用いる手段ごとの技術についても整理、可視化していくことが必要とされている。

今後、「保育相談支援」の教授内容が、さらに明確化されていく必要がある。本書第３章においては、保育相談支援について詳述するが、さらに、次項や第３節で述べるように、その原理の確認も必要とされる。

＊７　その内容は、柏女霊峰・西村真実･高山静子・橋本真紀・山川美恵子・小清水奈央（2009）『保育指導技術の体系化に関する研究』子ども未来財団に詳しい。なお、当時は保育相談支援の用語は存在せず、また、保育所保育士の保護者支援は、保育所保育指針解説書により保育指導と呼称されているため、研究では保育指導の用語を使用した。また、抽出された保育相談支援技術は「受診型技術」と「発信型技術」に大きく分類され、「受信型技術」としては受容、共感、傾聴などがみられ、「発信型技術」のなかの言語的援助としては、支持、解説、情報提供、承認、助言などが、動作的援助としては、行動見本の提示、物理的環境の構成、体験の提供などがみられた。

5 保育相談支援の原理

事例に見る保育相談支援の原理

事例1-2 孤立した親子に対して保育士が支援した事例

保育所の体験保育の場に、２歳前後の男の子Cちゃんの手をしっかりと握り、硬い表情をした母親がやってきました。主任保育士がやさしく話しかけると、母親は堰を切ったように話し始めました。聞けば、夫とともに最近この地に越してきたばかりで知り合いもなく、また、夫も転勤先の仕事に慣れることに必死で帰りも遅く、この子と二人だけの生活に息がつまりそうだとのことでした。最近は、私の不安定さがこの子にも影響したのか、Cも私の顔色をうかがうようになり、それがまた、私の心配やイライラを掻き立てるようになってしまったとのことでした。

Cちゃんを別の保育士に託し、別室でゆっくりと母親のお話をうかがうことにしました。話を聞き終えた主任保育士には、まるで、母子のカプセルに二人で入り込んでいるような状態に思えました。

この事例は、ドイツの哲学者ショーペンハウアーの寓話「ヤマアラシのジレンマ」を想起させる。「雪の降る冬の山奥の洞穴に棲んでいた２匹のヤマアラシが、寒さをしのごうとお互いに身体を寄せ合おうとすると、お互いのとげが刺さって痛くてたまりません。かといって、離れると寒くてしかたがありません。いろいろ工夫して、やっと２匹は、寒くも痛くもない距離を見つけることができました」という話である。

Cちゃんと母親も、ちょうどこのような状態だったのだろう。母親は何とかCちゃんと距離を保ちたいと思いながらも、Cちゃんが離れようとすると自分が寒くてたまらなくなるのでCちゃんを引き寄せ、Cちゃんも、そんな母親と一緒に揺れていたのである。そして、お互いに傷ついていたのである。

話を聞いた主任保育士は、園が開設している地域子育て支援センターに誘った。そして、Cちゃんが慣れた頃を見計らって、友達と会いたいと言っていた母親に一時保育の活用を提案した。主任保育士はためらっていた母親の背中を押し、母親は、友人と久しぶりにゆっくりと話し、かつ、映画も見て戻ってきた。母親は一人で待っていられたCちゃんを抱き寄せた。主任保育士は、Cちゃんの様子を伝え、二人でCちゃんが待っていられたことを喜び合った。後日、母親は、「あの時ほどCがいとおしいと思ったことはありませんでした。と同時に、私も、自分自身の生き方を大事にしないといけない、とつくづく思いました。夫にも、自分の気持ちを話したんですよ」と話した。

母親とCちゃんは、地域社会から隔絶されたなかでまるで母子カプセルのようになり、お互いの距離が近すぎてお互いのとげで刺し合っていたのである。主任保育士が二人の間に入ってその距離を調整し、一時保育という子育て支援サービスを上手に活用することによって、二人はようやく寒くも痛くもない距離を見つけることができたのである。

この事例は、保育相談支援と後述するソーシャルワーク双方に関連する事例といえるが、保育相談支援やソーシャルワークは、専門的な知識や技術だけで成り立っているわけではない。保育相談支援を展開することは、この事例のように親子の人生をともに歩んでいくことにつながる。したがって、保護者支援を行ううえで大切にしなければならない価値や原理が理解されていることが必要となる。親子がそれぞれ寒くも痛くもない距離を保ち、よりよい関係を紡ぎ出していけるよう支援することがその理念の一つといえるであろう。

6 子ども家庭福祉の原理と保育士の役割

保育相談支援は、子ども家庭福祉・保育に基礎をおいた支援体系であり、当然のことながら、その原理は、前述したとおり、児童福祉法第1～3条の2や児童憲章、児童の権利に関する条約、障害者の権利条約などの法令に示された原理に根拠をおくこととなる。したがって、保育相談支援を展開するためには、これらの内容についてしっかりと理解しておくことが必要とされる。そうでないと、保護者に必要以上の負担を強いてしまったり、逆に、保護者の子育ての肩代わりをしてしまうような事態も起こってくることとなる。

これらをふまえ、また、近年の子ども、子育て家庭を取り巻く状況をふまえた場合、これからの子ども家庭福祉の理念は、大きく次の4つと考えられる。一つは、「**子どもの最善の利益**」の保障であり、二つは、それを保障するための「公的責任」である。3つは、人と人とのゆるやかなつながりをめざす「社会連帯」である。そして、最後に、子どもの「能動的権利の保障」、すなわち、子どもに影響を与える事柄の決定への参加の保障があげられる。

子ども家庭福祉において、子どもの最善の利益を図る公的責任は必須のことである。しかし、その一方で、公的責任のみが重視されることは、子どもや子育ての問題を社会の問題として皆で考える視点を失わせ、人と人とのつながり、社会連帯の希薄化をますます助長することにつながってしまいかねない。この結果、公的責任の範囲は限りなく拡大していくこととなる。ま

子どもの最善の利益

子どもの最善の利益（the Best Interest of the Child）とは、子ども家庭福祉の根拠となる基本的でもっとも重要な概念である。子どもの最善の利益の確保は、1924年の児童の権利に関するジュネーブ宣言（国際連盟）以来現在の児童の権利に関する条約に至るまで、世界の子ども家庭福祉の基本理念となっている。保育所保育指針解説書は、子どもの最善の利益を保障するために考慮すべき基準の例として、イギリスの児童法（1989年）第1条第3項の「子の福祉」の判断基準をあげている（厚生労働省（2008）保育所保育指針解説書.フレーベル館、182.）。この場合、子どもにとって何がもっともよいことかを基本に考えることをいう。

図表1-4 子ども家庭福祉の理念・サービスと保育士の立ち位置

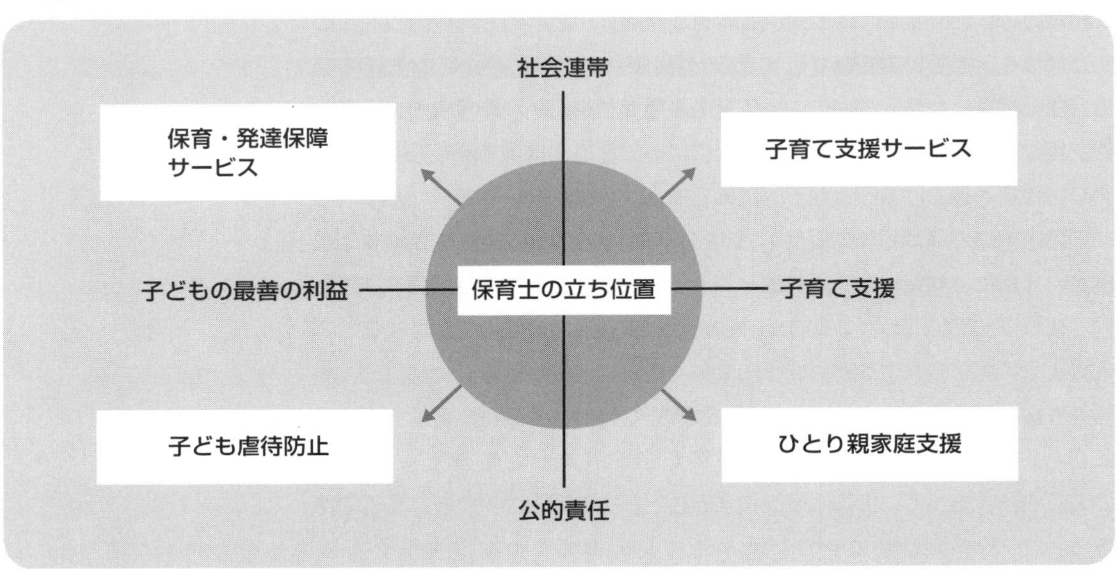

出所：柏女作成

た、公的責任のもとに置かれている子どもの存在を、社会全体の問題として考える素地を奪ってしまうことにもつながってしまいかねない。どこまでが親の責務で、どこまでが助け合いが必要とされ、どこからが行政やそのもとで実施される公的保育の責任範囲になるのか、しっかりと確認しておくことが必要とされるだろう。

こうした視点を考慮し、保育士の立ち位置について整理すると、図表1-4のように示すことができる。すなわち、保育士は、困難な状況に置かれている子どもや保護者に対する公的責任を果たすとともに、子育て支援や子どもの保育・発達保障を通じて、人と人とのゆるやかなつながり、すなわち社会連帯を機能させる役割を果たすことが求められているのである。そして、保育相談支援は、こうした保育士の立ち位置を実現する援助技術の一つとして位置づけることができるのである。

7 保育相談支援と相談援助（ソーシャルワーク）

保育士の専門性を生かした保護者支援とは、保育相談支援のことである。しかし、保育相談支援技術のほかに保育士が活用する子育て家庭支援、保護者支援業務には、ソーシャルワークやカウンセリングもある。たとえば、子ども虐待やいわゆる障害児支援において家族も含めて支援を行うとき、保育や保育相談支援の専門性だけでは不十分な場合があり、その場合には、家族

図表1-5 相談援助（ソーシャルワーク）と保育相談支援との関係

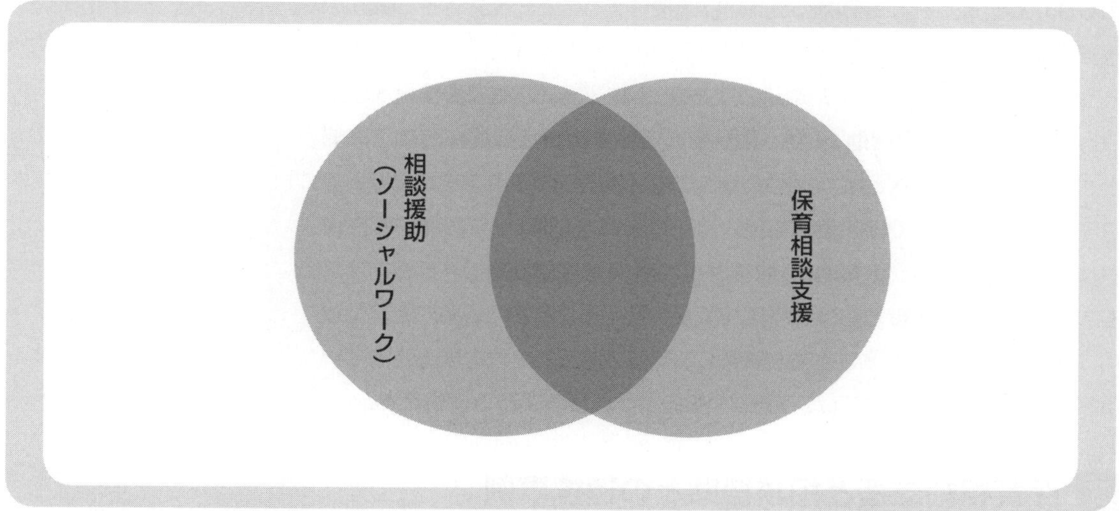

出所：柏女霊峰「保育指導の意義と基本的視点」柏女霊峰・橋本真紀『保育者の保護者支援 ―― 保育指導の原理と技術』，フレーベル館，2008，p.100を一部修正

全体に対するアセスメントや関係機関に対するつなぎなどを行う、いわゆるソーシャルワークの専門性も必要とされてくる。もちろん、純粋なソーシャルワークは社会福祉士などが行うが、保育士は保育の専門職として、保育場面におけるソーシャルワークを一部担っていくことが期待されているのである。

旧保育所保育指針解説書[*8]は、ソーシャルワークについて以下のとおり定義し、その一部は保育士の業務に含まれることを提起している。すなわち、ソーシャルワークについて、

> 生活課題を抱える対象者と、対象者が必要とする社会資源との関係を調整しながら、対象者の課題解決や自立的な生活、自己実現、よりよく生きることの達成を支える一連の活動をいいます。対象者が必要とする社会資源がない場合は、必要な資源の開発や対象者のニーズを行政や他の専門機関に伝えるなどの活動も行います。さらに、同じような問題が起きないように、対象者が他の人々と共に主体的に活動することを側面的に支援することもあります。保育所においては、保育士等がこれらの活動をすべて行うことは難しいといえますが、これらのソーシャルワークの知識や技術を一部活用することが大切です

と解説している。

＊8　厚生労働省（2008）保育所保育指針解説書．フレーベル館．p.185.

保育所におけるソーシャルワークは、保護者が必要に応じて社会資源を活用しながら子育てを行っていくきっかけを提供すること、また、その最初の段階を支え、なおかつ、サービス利用後の関係調整などを行うことにある。こうした活動を進めていくために、ソーシャルワークの知識や技術を学ぶ「社会福祉」や「**相談援助**[*9]」が、これまでの保育士養成課程において必修とされ、保育相談支援と相談援助の違いや相互連携に関する学習が必要とされてきたのである。保育相談支援の一部にソーシャルワークの体系が含まれ、ソーシャルワークの援助体系のなかには、保育相談支援の一部が含まれており、両者は、重複している部分があると考えることができる。それだけに、保育士としての支援の効果と限界も熟知しておくことが必要とされているのである。これについては、図表１-５のように整理することができる。

8 保育相談支援と相談援助との連携事例

事例1-3 離婚によって不安定な状況になった母子の事例

４歳のDくんは、最近、担任保育士にしがみつきが多くなり、保育士が他児とかかわっていると、あとでその子に意地悪をすることもあります。絵本の読み聞かせのときも、保育士の膝にすわって邪魔ばかりしています。職員会議で話し合い、兄を担任して関係のできている主任保育士が母親と面接することとし、当面、フリー保育士をクラスに入れて、担任保育士がDくんにしっかりかかわることができるようにしました。

主任保育士が母親から話を聞いたところ、最近、夫の女性関係がもとで夫と別れ、近くの祖父母宅に身を寄せたとのことでした。離婚をめぐるごたごたで、小学校１年生の兄も不登校気味になっており、将来のことも考えるとどうしていいかわからないと切羽詰まった状況でした。

この事例の場合、まず、保育士がDくんを温かく抱きとめることによって、当面の危険を回避し、母親に安心感を与えている。そのうえで、離婚したばかりの母親の悲しみや悔しさ、生活の不安などにまずはしっかりと耳を傾けていくこととなる。このことは、保育相談支援としてとても大切なことである。また、保育の補完体制をしっかりとつくって、この間のDくんのさびしい気持ちを受け止めていくこととなる。

それらの結果、気持ちが前向きになってきた段階で、たとえば、介護職と

＊9 保育士養成課程においては、これまで、社会福祉士および介護福祉士法第２条第１項に社会福祉士の業務として規定されている「相談援助」が含まれていたが、2019年度入学生から適用されている新保育士養成課程においては削除されている。この改定は保育ソーシャルワークの根拠をなくし、将来に大きな禍根を残すものであり、速やかな修正が必要である。

して生きていきたいという母親の願いを支援していくこととなる。この場合、必要に応じて介護職員初任者研修や児童扶養手当などを紹介し、担当者に引き継ぐなどのかかわりが考えられる。また、その後も、保育所の送迎時などに声かけや励ましを行い、保育所でのDくんの様子を伝えることで母親とDくんとの絆を紡ぎ直していく。こうして、母と子の生活を支えていくのである。

こうした保育士の支援は、保育相談支援のみならず、一部、ソーシャルワーク（相談援助）としての支援も含まれている。しかし、保育士はソーシャルワーカーではない。したがって、役所のソーシャルワーカーに引き継いだあとの支援、たとえば、児童扶養手当の支給関係や介護職員初任者研修の利用調整、兄の不登校に対するサービスの紹介などは主としてソーシャルワーカーが担い、その間の声かけやサービス利用後の日常的支援、Dくんと母親とのよりよい親子関係の構築などに専念することとなる。保育相談支援とソーシャルワーク（相談援助）とがより効果的に結びつくことが、親子のよりよい暮らし（**ウェルビーイング**）に結びついていくのである。

ウェルビーイング

ウェルビーイング（well-being）とは、世界保健機関（WHO）憲章において「身体的、精神的、社会的に良好な状態にあること」を意味する概念である。子ども家庭福祉においては、個人の権利保障や自己実現をめざす目的概念として用いられている。

1-4 保育士の子育て支援・保護者支援の専門性と倫理

1 保育士の専門性の構造

柏女・橋本ら[19]は、保育相談支援に関する研究から、保育士の専門性の構造について図表 1 - 6 のように整理している。

図表1-6 保育士の専門性の構造に関する概念図

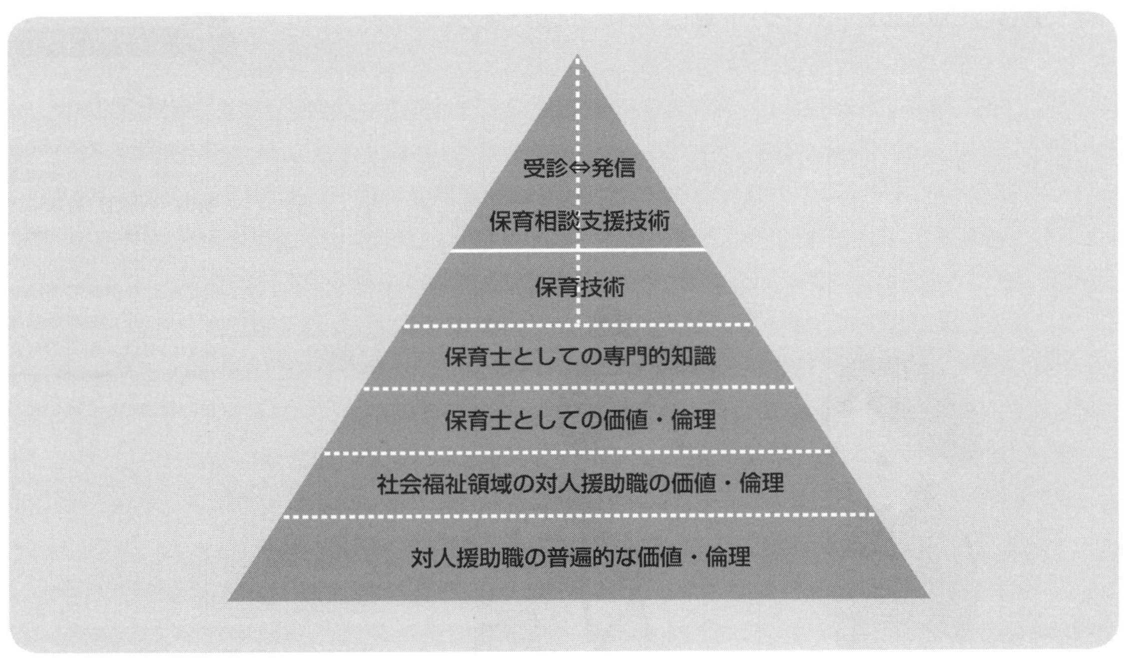

出所：柏女霊峰·橋本真紀·西村真実·高山静子·山川美恵子·小清水奈央（『保育指導技術の体系化に関する研究』，子ども未来財団，2009，p.95を筆者一部修正

また、保育所保育指針では、保育士の力量を倫理、知識、技術、判断の 4 点に整理している。このなかでは、対人援助専門職としての価値や倫理が根底となる。対人援助職としての価値・倫理、社会福祉援助職としての価値・倫理を基盤として、保育士としての価値・倫理が存在することとなる。

そして、それらを基盤として、専門的知識、専門的技術が獲得されていくこととなる。まず、保育の知識、技術が基盤となり、その上に、保育相談支援の知識、技術が、そして、それらのすべてが統合された専門性が「判断」として生きてくるのである。なお、「判断」はこの図の総合展開として具現化することとなる。

このすべてを統合する営みが保育実践であり、子ども家庭福祉実践の構造となる。この点は、社会福祉士であっても大きく変わるところはない。

2 保育士の専門性の根幹

(1) ケアとは何か

対人援助職の普遍的な価値・倫理の根底に、網野[20]は「ケア」の概念があるとしている。ケアとはいわゆる日常生活の世話をいう業務の総称であるが、それを超えて、あるいは、それがあるがゆえに、網野[21]は、その根底に倫理性とともに、本質的な人間性と感性とに深くかかわる資質である「対象となっている人々を肯定的に受け止めようとする態度、心遣い、気遣い」を伴う人間性、感性があるとし、これを「福祉マインド」とよんでいる。網野の福祉マインド論は、いわゆる3つの感覚的協応（視覚的・聴覚的・触覚的協応）がその根幹をなしている。

ちなみに、高齢者福祉、障害者福祉におけるケアは「介護」とよばれるが、これも同じである。保育士、介護福祉士は、子ども・高齢者・障害者など利用者の気持ちを受け止め、自立・発達を支援し、残存能力を見つけだして強化し、笑顔で抱きしめる。それを力に、家族も力づけられ、利用者を「かすがい」として家族全体がつながっていく。「一人の人格をケアするとは、最も深い意味で、その人が成長すること、自己実現することをたすけることである」と述べたのはメイヤロフ[22]であるが、保育も介護も、子どもや高齢者・障害者、病者の気持ちを受け止め、共有し、支えることで成り立っているといえる。

子どもたちの生きるエネルギーの大きさは、私たちに「命」への感動と畏敬の念を起こさせてくれる。その「命」のエネルギーそのものに対する畏敬の念をもって子どもたちの前にひざまずくこと、それがケア、保育の本質なのである。

(2) 保育におけるケア

「保育」においてケアを示す用語、概念が、いわゆる「養護」である。保育所保育指針は、総則その他、随所において、子どもの思いや保護者の意向、気持ちを「受け止める」ことや「受容」の大切さを規定している。「受け止める」ことや「受容」は、「受け入れる」ことや「許容」とは異なる。子どもや保護者の行動の意味や思いをしっかりと受信できて初めて、子どもの発達促進や保護者支援、保護者の理解や協力を得るための発信ができることになる。

保育とは「養護と教育が一体となった」行為であり、「養護」とは受け止めること、子どもが自らもつ成長のエネルギーを尊重することといえる。また、「教育」とは子どもがもつ自ら伸びようとするエネルギーを、意図的に方向づけることであるといえる。阿部[23]は、「一切方向づけされていない状態で出生する子どもに対して、他者からの意図的な方向付けによって、その社会のなかで最終的に「自由を行使できる主体」を形成する営みが教育であるともいえる」と述べている。

子どもの思いを受け止めつつ、意図的に方向づけることとの折り合いをつけて対応すること、日常的に子どもの欲求にていねいに対応していること、子どもの様子に気を配り、興味をもってかかわること、子どもが見守られていると感じられるようにかかわることなどが養護的行為といえ、これが保育におけるケアを意味することとなる。こうした関係は、子育て支援、保護者支援についても同様に考えることができる。

保育相談支援において保護者の気持ちをしっかりと受け止める受信型の支援と、保護者に対して保育の専門性をもとに働きかける発信型の支援は、保護者支援においても一体的に行われることとなる。保育相談支援は保護者に対するケアワークの側面を強くもつ援助技術の体系といえる。保育相談支援について、筆者らは本章第２節に取り上げたほか、別途、考察を深め体系化を模索[24]しているが、援助体系としてはガイダンスに近い専門技術であり、かつ、動作的援助を伴う体系であり、ケアワークと一体になった技術体系といえる。

3 保育相談支援の技術

(1) 保育相談支援技術の構造

保育相談支援技術とは、主として意識化、外在化された子育ての問題や課題を有する保護者に対して、保育士の**５つの保育技術**を基盤とし、保護者の気持ちを受け止めつつ支持、承認、解説、情報提供、助言、行動見本の提示、物理的環境の構成、体験の提供等を行う技術[25]であり、柏女・橋本らの研究によって、保育所において26の技術が確認されている[26]。それは、図表１-７のとおりである。また、保育相談支援は、保育の技術と保育相談支援の技術の組み合わせによって展開されているととらえられる。

5つの保育技術

５つの保育技術として、「発達援助の技術」「生活援助の技術」「環境構成の技術」「遊びを展開する技術」「関係構築の技術」があげられている。厚生労働省（2008）『保育所保育指針解説書』p.13および、柏女霊峰・橋本真紀編著（2016）『保育相談支援（第２版）』ミネルヴァ書房、pp.59-62 参照。

図表1-7 保育相談支援技術の類型化と定義

		技術類型	技術の定義	下位項目
受信型	情報収集/分析	観察	推察を交えず視覚的に現象を把握する行為	・経過観察 ・行動観察 ・状態の観察
		情報収集	保護者や子どもの状態を把握するための情報を集める行為	・情報収集の働きかけ ・情報の把握
		状態の読み取り	観察や情報収集により把握された情報に、保育士の印象、推察を交えながら保護者や子どもの状態を捉える行為	・現状の把握 ・状態の読み取り ・表情の読み取り
	受容的な技術	受容	保護者の心情や態度を受け止める発言や行為	・受け止め
		傾聴	聴くことの重要性を認識した上で、保護者の話を聞く行為	・話をきく
		共感・同様の体感	保護者と同様の体感をする、もしくは保護者の心情や態度を理解し、共有しようとする行為	・共感 ・子どもの成長を喜び合う
発信型	言語的援助	会話の活用	保護者との関係の構築を目的として、挨拶、日常会話などを意識的に活用している行為	・あいさつ ・会話 ・声をかける ・話すきっかけ（機会）をつくる
		承認	保護者の心情や態度を認めること	・承認 ・労う ・褒める
		支持	保護者の子どもや子育てへの意欲や態度が継続されるように働きかけること	・支持
		気持ちの代弁	現象から対象者の心情を読み取って他者に伝えること	・子どもの気持ちの代弁 ・母親の気持ちの代弁
		伝達	子どもの状態、保育士の印象を伝えること	・子どもの良いところの伝達 ・状況の伝達（印象・感情なし） ・保育者の気持ちの伝達
		解説	現象に保育技術の視点から分析を加えて伝える発言や行為	・解説
		情報提供	広く一般的に活用しやすい情報を伝えること	・情報提供
		紹介	保護者が利用できる保育所の資源、他の機関やサービスについて説明し、利用を促すこと	・紹介
		方法の提案	保護者の子育てに活用可能な具体的な方法の提示	・方法の提案
		依頼	保育士が必要性を感じ、保護者に保育や子どもへの関わりを頼むこと	・依頼
		対応の提示	保育所における子どもや保護者に対する保育士の対応を伝えること	・対応の提示 ・承諾を得る
		助言	保護者の子育てに対して抽象的に方向性や解決策を示すこと	・助言
	動作的援助	物理的環境の構成	援助のための場や機会の設定	・場の設定 ・手段の活用
		観察の提供	保護者が子どもの様子等を観察する機会を提供すること	・観察の提供
		行動見本の提示	保護者が活用可能な子育ての方法を実際の行動で提示すること	・行動見本の提示
		体験の提供	保護者の子育ての方法を獲得するための体験を提供すること	・体験の提供
		直接的援助（保護者）	保護者の養育行為を直接的、具体的に援助している行為	・養育に対する直接的なケア
		子どもへの直接的援助	子どもに対して直接的に援助を行うことで、保護者の子育てを支えている行為	・子どもへの直接援助 ・子どもへの関わり
		媒介	親子や保護者、家族の関係に着目し、働きかける行為	・斡旋 ・話題の提供 ・父親への働きかけ ・現状の打開
	方針の検討	協議	保育所職員間における話し合い、相談等の作業、行為	・協議 ・方針の検討 ・相談

出所：柏女霊峰・橋本真紀・西村真実・高山静子・山川美恵子・小清水奈央『保育指導技術の体系化に関する研究』，子ども未来財団，2009，p.79

橋本[27)]は、保育相談支援のもとになる保育技術について、主として保育所における保育技術の視点から次の５つに分類し、整理している。すなわち、**①発達援助の技術、②生活援助の技術、③関係構築の技術、④環境構成の技術、⑤遊びを展開する技術の５つ**[*10]である。そして、①と②を目的的技術、③〜⑤を手段的技術と整理している。

さらに、橋本[28)]は、こうした保育技術を保育相談支援に活用するための技術として「保護者を対象に、支持、承認、助言、情報提供、行動見本の提示等を行う技術」が必要とし、それには、「他の援助技術の援用による技術」と「保育を基盤とする固有の技術」とがあるとしている。前者には、主として、「支持、承認、助言等を行う際の対応に活用され、保育指導の固有性は働きかける視点や手段に発揮」されるとし、後者は、「行動見本の提示や物理的環境の構成という保育実践により培われた技術」であるとしている。

（2）事例を通した理解

事例1-4　３歳男児とのボール遊びがうまくできない父親を、保育士が仲立ちして支援する事例

ある保育所が実施している地域子育て支援センターで父子の集いが開催されました。３歳男児Eくんと父親のペアが、ボール遊びを始めてまもなくじっと黙ってすわりこんでいます。父親がEくんに「こんなボールも取れないのか」となじったため、ふてくされてしまったようでした。

その様子を見ていた保育士は、父子のもとに行って、Eくんとボール遊びを始めました。Eくんはすぐに機嫌を直し、楽しくボール遊びを始めました。保育士は父親を誘い、３人でボール遊びを始めました。父親は、保育士とEくんとのやり取りを通じてEくんのボール遊びのレベルを知ったため、もう、無理なボールを投げません。むしろ、保育士に向けられるEくんのかわいい笑顔を父親に向けてほしいと願うようになります。その結果、ボール遊びが楽しく展開され、もう大丈夫と感じた保育士は、さりげなくその場を離れました。

この事例では、仕事が忙しく子どもとの向き合い方がわからない父親に対して、３歳の子どもEくんとのボール遊びを展開するという「遊びを展開する技術」をもとに、親と子の間に介入してEくんとのボール遊びの見本を父親に提示し、合わせて、Eくんの笑顔も父親に見せることで父親の関心をひきつけている。そのうえで、Eくんと父親がよりよい関係をつくることがで

＊10　この５つの技術は、柏女、橋本で検討し、旧保育所保育指針の改訂に関する検討会において柏女により提案され、保育所保育指針解説書から採用された。

図表1-8 3歳男児とのボール遊びがうまくできない父を、保育士が仲立ちして支援する事例における保育相談支援の構造

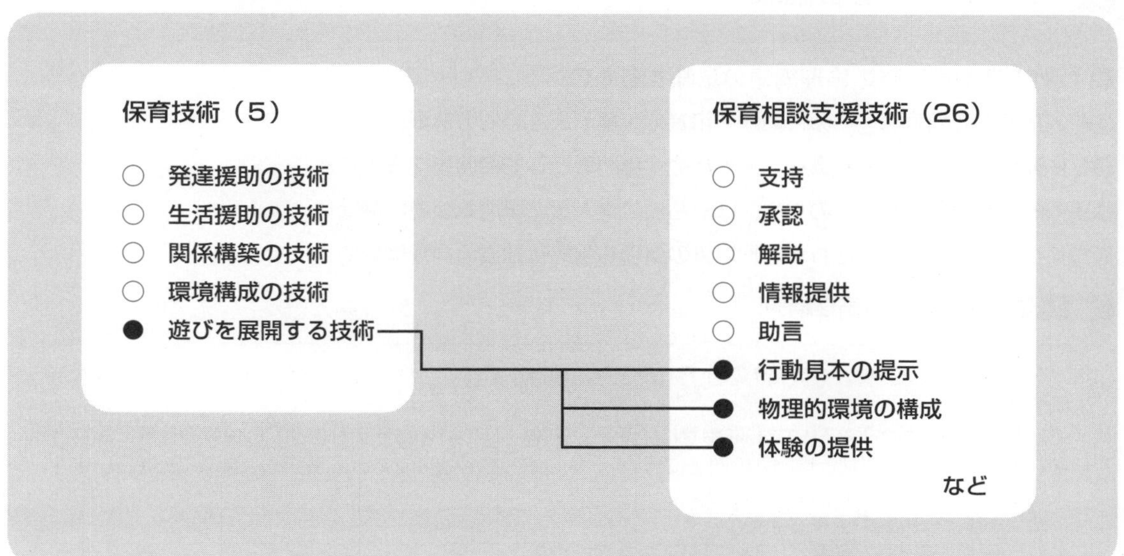

出所：柏女霊峰「第1章 保育相談支援の意義と基本的視点」柏女霊峰・橋本真紀編『保育相談支援［第2版］』, ミネルヴァ書房, 2016, p.22

きるように、その場をさりげなく二人にわたし、二人で楽しい経験をつくりだす機会を提供している。

すなわち、この事例は、保育の技術である「遊びを展開する技術」を基礎に、保育相談支援の技術である「行動見本の提示」と「物理的環境の構成」、さらには、「体験の提供」を通して保護者支援を行った事例といえるのである。たとえば事例1-4の場合だと、それは図表1-8のように示される。

なお、保育相談支援を展開するためには、前述したとおり、そのために必要とされる知識や技術の基底にある対人援助専門職、社会福祉専門職に必要とされる専門的価値や倫理、保育士に固有の専門的価値や倫理も確立しておかなければならない。保育相談支援実践の基盤には、子どもの最善の利益の重視や子どもの成長を保護者とともに喜びあうこと、よりよい親子関係への支援、保護者の養育力の向上に対する支援といった保護者支援の原理や、当事者性を大切にする、受容と共感、保護者の自己決定の尊重といった支援のための基本的姿勢や倫理がある。こうしたことも確立されて初めて、保育相談支援の専門性が成り立つことを忘れるわけにはいかない。最後にこれらについて、次項で述べていきたい。

4 保育士の責務と倫理

(1) 対人援助専門職の倫理綱領の意味するもの

対人援助の専門職は、その行為が利用者の人権や人としての尊厳、生命ならびに発達などに大きな影響を与えるため、専門職としての倫理を守ることは絶対的に必要である。このため、ほとんどの対人援助専門職が専門職団体をつくり、また、法定化された倫理以外の事項も含めた独自の倫理綱領や、

図表1-9 全国保育士会倫理綱領

すべての子どもは、豊かな愛情のなかで心身ともに健やかに育てられ、自ら伸びていく無限の可能性を持っています。

私たちは、子どもが現在（いま）を幸せに生活し、未来（あす）を生きる力を育てる保育の仕事に誇りと責任をもって、自らの人間性と専門性の向上に努め、一人ひとりの子どもを心から尊重し、次のことを行います。

私たちは、子どもの育ちを支えます。
私たちは、保護者の子育てを支えます。
私たちは、子どもと子育てにやさしい社会をつくります。

（子どもの最善の利益の尊重）
1．私たちは、一人ひとりの子どもの最善の利益を第一に考え、保育を通してその福祉を積極的に増進するよう努めます。

（子どもの発達保障）
2．私たちは、養護と教育が一体となった保育を通して、一人ひとりの子どもが心身ともに健康、安全で情緒の安定した生活ができる環境を用意し、生きる喜びと力を育むことを基本として、その健やかな育ちを支えます。

（保護者との協力）
3．私たちは、子どもと保護者のおかれた状況や意向を受けとめ、保護者とより良い協力関係を築きながら、子どもの育ちや子育てを支えます。

（プライバシーの保護）
4．私たちは、一人ひとりのプライバシーを保護するため、保育を通して知り得た個人の情報や秘密を守ります。

（チームワークと自己評価）
5．私たちは、職場におけるチームワークや、関係する他の専門機関との連携を大切にします。
また、自らの行う保育について、常に子どもの視点に立って自己評価を行い、保育の質の向上を図ります。

（利用者の代弁）
6．私たちは、日々の保育や子育て支援の活動を通して子どものニーズを受けとめ、子どもの立場に立ってそれを代弁します。
また、子育てをしているすべての保護者のニーズを受けとめ、それを代弁していくことも重要な役割と考え、行動します。

（地域の子育て支援）
7．私たちは、地域の人々や関係機関とともに子育てを支援し、そのネットワークにより、地域で子どもを育てる環境づくりに努めます。

（専門職としての責務）
8．私たちは、研修や自己研鑽を通して、常に自らの人間性と専門性の向上に努め、専門職としての責務を果たします。

社会福祉法人 全国社会福祉協議会
全国保育協議会・全国保育士会

出所：全国保育士会ホームページ

それを実践レベルに落とし込んだ行動規範を定めている。こうした倫理綱領、行動規範は、それぞれの専門職がもっとも大切にしている価値を実現するための具体的行動指標・規範であるといえる。それは、それぞれの専門職における価値と規範の共通理解を図るものであると同時に、利用者や連携する他の専門職種、一般市民、利用者などに対する役割の提示や宣言という意味ももっているのである。

2003（平成15）年２月26日、保育所に働く保育士を中心とする組織である全国保育士会が倫理綱領（図表１－９）を採択した。倫理綱領の採択は、保育士資格法定化を目前にして、保育所ならびに保育士たちが行った子どもの保育・子育て支援の専門職としての決意表明であった。全国保育士会倫理綱領は、保育所保育士等の全国団体である全国保育士会と保育所の全国団体である全国保育協議会が同時に採択した。つまり、専門職倫理と職場倫理の両方を兼ねた綱領といえる。

（２）全国保育士会倫理綱領の内容

全文は前文と８か条からなるが、その意味するところは以下のとおりである。まず、前文では、すべての子どもの受動的権利と能動的権利を認め、子どもが自ら育つ力を支え、保護者の子育てを支え、さらに、子どもの育ち、子育てを支援する専門職として、そこから見えてくることを社会に対して発信し、子どもと子育てにやさしい社会を創り上げることを高らかに謳いあげている。そして、続く８か条において、保育士の社会的使命と責務を簡潔に示している。

第１条は、保育士が依拠すべき行動原理は「子どもの最善の利益の尊重」であることを表現している。第２条から第４条は、対人援助、子どもの発達支援の専門職である保育士の「利用者に対する倫理」を表現している。第２条は子どもとかかわる際の原理であり、それは「子どもの発達保障」であることを示している。続いて第３条は保護者とかかわる際の原理であり、それは「協力関係」、すなわち、保護者とのパートナーシップであることが示される。第４条は、その両者を支援する際の根源的倫理として、プライバシーの尊重、すなわち、保育や保護者支援を通して知り得た個人の秘密の保持と個人情報の適切な取り扱いを提起している。

続いて第５条は、所属機関（この場合は保育所等）における業務改善のための努力を表現している。それは、職場内のチームワークと外部とのネットワークを図る姿勢、自己点検・自己評価に基づいて業務の改善に努力する姿勢として示される。

第６条、第７条は、社会との関係に関する倫理を表現している。第６条は、保育を通して理解された子どもと保護者のニーズを、社会に対して代弁することを求めている。そのうえで、行政や地域社会に働きかけていくことを表現している。第7条は、地域のネットワークによって子育て家庭に対する支援を進め、子どもと子育てにやさしい地域社会づくりに貢献することを誓っている。保育士が福祉社会づくりをめざす社会福祉職の側面をもつことを示す条文といえよう。

最後の第8条は、文字どおり専門職としての責務を表現している。それは、第1条から第7条までに示されている社会的使命・責務を誠実に果たしていくこと、そのための研修、自己研鑽に励むこととされている。全体を通じ、簡潔な表現のなかにも専門職としての厳しい自覚と守るべき倫理が示されているといえる。

(3) 倫理綱領の具体的意味

倫理綱領に示されていることを実際の保育に当てはめた場合の保育士のかかわりは、大人と子どもとの間の絆をもとにして、人として生きるのに欠かせない民主的な人間関係の取り結び、個の尊重などを培う保育士の役割としてとらえられる。

保育者は、まず、特定の子どもとの応答的なかかわりを続けて、子どもとの絆をつくり上げる。絆、安全基地ができた子どもは、歩き始め、手を使い、言葉を話すことができるようになり、外界との接触を開始し、他児とのコミュニケーションや探索活動を開始する。保育士は、それに対応して探索に適した環境を整え、また、子ども同士で円滑なコミュニケーションが図れるよう仲立ちを行うのである。つまり、これまでの応答的環境という配慮された人間関係から、個と個のぶつかり合いという民主的な人間関係を取り結びへと、子どもたちは動いていくこととなる。保育士は、その成長を支援するのである。

やがて、3歳以上児になると、子どもたちは葛藤等を通して他者と共存することの大切さや楽しさを学び、そして、それが「きまり」があることによって担保されることに気づいていく。つまり、性格や関心の異なる一人ひとりの子どもたちが共存していくために、3歳未満児では「保育士の仲立ち」が必要であったが、年長児になると「きまり」がその役割を果たしていくことになる。保育士の役割は、子どもたちの「仲立ち」をすることから「見守り、必要に応じ介入」することへと、成長に伴い変化していくこととなる。そして、そのことが、**生きる力の基礎を培う保育士の最大の専門性**[*11]ととらえられるのである。

---

*11 なお、この視点と保育士のかかわりの解説については、柏女霊峰(2011)『子ども家庭福祉・保育の幕開け』誠信書房で詳述している。

附記

本稿は、柏女のこれまでの著作、とくに、柏女霊峰（2019）「第７章 子ども家庭福祉における地域子育て家庭支援の理念と原理」『子ども家庭福祉学序説―実践論からのアプローチ』誠信書房、ならびに柏女霊峰（2011）「保育相談支援の意義と基本的視点」柏女霊峰・橋本真紀編著『保育相談支援』ミネルヴァ書房、柏女霊峰（2019）『混迷する保育政策を解きほぐす―量の拡充・質の確保・幼児教育の振興のゆくえ』明石書店、を中心に再構成したものである。したがって、事例も、『保育相談支援』掲載の事例をほぼそのまま引用している。

＜引用文献＞

1）高橋重宏「1.ウェルフェアからウェルビーイングへ」高橋重宏編『子ども家庭福祉論』，日本放送出版協会，1998，pp.16-17

2）森岡清美（1993）「家族とは」森岡清美・望月嵩『新しい家族社会学（三訂版）』，培風館 p.3

3）網野武博「序章 保育における家庭支援論/保育相談支援」「第１章 家庭支援の意義と役割」新保育士養成講座編纂委員会編『新保育士養成講座第10巻 家庭支援論―家庭支援と保育相談支援』，全国社会福祉協議会，2015，p.11

4）有村大士「第１章 子ども家庭福祉の理念と価値」山野則子・武田信子編『子ども家庭福祉の世界』，有斐閣，2015，p.20

5）柏女霊峰『子育て支援と保育者の役割』，フレーベル館，203，p.28-29

6）橋本真紀『地域を基盤とした子育て支援の専門的機能』，ミネルヴァ書房，2015，p.27

7）亀﨑美沙子「保育相談支援に関する先行研究の検討―保育所における家庭支援の研究を手がかりに―」『保育士養成研究』第32号，一般社団法人全国保育士養成協議会，2015，p.32

8）厚生省児度家庭局企画課「児童の健全育成に向けて―家庭支援相談体制の確立」財団法人厚生問題研究会編『厚生』，中央法規，1989，p.34

9）エリク.H.エリクソン著／仁科弥生訳『幼児期と社会』，みすず書房，1977，pp.317-353

10）網野武博『児童福祉学――〈子ども主体〉への学際的アプローチ』，中央法規，2002，pp.287-288

11）渡辺久子「改めて、人の成長にとっての乳幼児期の意味を考える」『児童心理』2016年12月号臨時増刊No.1033，金子書房，2016，p.4

12）渡辺久子「改めて、人の成長にとっての乳幼児期の意味を考える」『児童心理』2016年12月号臨時増刊No.1033，金子書房，2016，p.4

13）前掲書10）pp.161-163

14）山縣文治「子ども家庭福祉と子ども中心主義―政策視点と支援視点からみた子ども」『子ども社会研究』第21号，2015，pp.14-15

15）柏女霊峰『現代児童福祉論』，誠信書房，1995，pp.70-75

16）「たくましい子供・明るい家庭・活力とやさしさに満ちた地域社会をめざす21プラン研究会」報告書（略称：子供の未来21プラン研究会報告書），1993

17）柏女霊峰・橋本真紀『増補 保育者の保護者支援―保育相談支援の原理と技術』，フレーベル館，2010，pp.85-91

18）アプテカー，H.H.著／坪内宏訳『ケースワークとカウンセリング』，誠信書房，1964

19）柏女霊峰・橋本真紀・西村真実・高山静子・山川美恵子・小清水奈央『保育指導技術の体系化に関する研究報告書』，財団法人こども未来財団，2009，p.95

20）前掲書10）p.192

21）前掲書10）p.193

22）ミルトン・メイヤロフ著／田村真・向野宣之訳『ケアの本質―生きることの意味』，ゆみる出版，1989，p.13

23）阿部和子「「養護と教育が一体となって営まれる保育」を言語化することとは」全国保育士会保育の言語化等検討特別委員会編『養護と教育が一体となった保育の言語化―保育に対する理解の促進と、さらなる保育の質向上に向けて』，全国保育士会・全国社会福祉協議会，2016，p.12

24）前掲書17）

25）柏女霊峰『保育相談支援 第２版』，ミネルヴァ書房，2016

26）前掲書19）

27）橋本真紀「保育指導の展開過程と基本的技術」柏女霊峰・橋本真紀『保育者の保護者支援――保育指導の原理と技術』，フレーベル館，2008，pp.192-203

28）柏女霊峰・橋本真紀（2008）『保育者の保護者支援――保育指導の原理と技術』，フレーベル館，2008，p.100，203-209

＜参考文献＞

１）網野武博・無藤隆・増田まゆみ・柏女霊峰（2006）『これからの保育者にもとめられること』，2006，ひかりのくに

２）バイステック，F.P.著／尾崎新・福田俊子・原田和幸訳『ケースワークの原則―援助関係を形成する技法』［新訳改訂版］，誠信書房，2006

３）柏女霊峰監修・橋本真紀・西村真実編『保護者支援スキルアップ講座 保育者の専門性を生かした保護者支援―保育相談支援（保育指導）の実際』，ひかりのくに，2010

４）柏女霊峰・橋本真紀ほか「児童福祉施設における保育士の保育相談支援技術の体系化に関する研究（３）―子ども家庭福祉分野の援助技術における保育相談支援の位置づけと体系化をめざして」『日本子ども家庭総合研究所紀要』第47集，2012

５）柏女霊峰『子ども・子育て支援制度を読み解く―その全体像と今後の課題』，誠信書房，2015

６）柏女霊峰・橋本真紀編『保育相談支援［第２版］』，ミネルヴァ書房，2016

７）柏女霊峰『これからの子ども・子育て支援を考える―共生社会の創出をめざして―』，ミネルヴァ書房，2017

８）柏女霊峰「保育士の責務と倫理」柏女霊峰監修・全国保育士会編『改訂２版 全国保育

士会倫理綱領ガイドブック』，全国社会福祉協議会，2018

9）柏女霊峰「全国保育士協議会倫理綱領ガイドブック（三訂版）の活用を願う」柏女霊峰監修・独立行政法人国立病院機構全国保育士協議会倫理綱領ガイドブック三訂版作成員会編『三訂版・医療現場の保育士と障がい児者の生活支援』，生活書院，2018

10）柏女霊峰『混迷する保育政策を解きほぐす―量の拡充・質の確保・幼児教育の振興のゆくえ』，明石書店，2019

11）柏女霊峰『子ども家庭福祉学序説―実践論からのアプローチ』，誠信書房，2019

12）柏女霊峰『平成期の子ども家庭福祉―政策立案の内側からの証言』，生活書院，2019

13）柏女霊峰『子ども家庭福祉論［第6版］』，誠信書房，2020

14）柏女霊峰・橋本真紀ほか「児童福祉施設における保育士の保育相談支援技術の体系化に関する研究（3）―子ども家庭福祉分野の援助技術における保育相談支援の位置づけと体系化をめざして」『日本子ども家庭総合研究所紀要』第47集，2012

15）山縣文治『現代保育論』，ミネルヴァ書房，2002

16）山縣文治「Ⅰ家庭支援の対象と役割」山縣文治・橋本真紀編『よくわかる家庭支援論［第2版］』，ミネルヴァ書房，2015

演習　子育て支援・保護者支援の原理を考える

【ねらい】

- 第１章に掲載の４つの事例を通して、保育士の子育て支援・保護者支援は、何を大切にする支援なのかについて理解を深める。

【準備物】

模造紙１枚、ふせん、フェルトペン

【演習の流れ】

❶ 5-6名のグループに分かれる。

❷ ４つの事例について、保育士が保護者等に対して何かをしている（傾聴などの受信型の行為も含む）部分にアンダーラインを引きながら読み込む。

❸ その行為がなぜ行われたのかを考え、そこに隠れている保育士の働きかけの意図をふせんに記入する。

❹ 一人ずつふせんに書いたことを読み上げ、模造紙に貼っていく。

❺ ふせんの内容の類似性に着目して、グループ化する。

❻ それぞれのグループの内容を最もよく表す表札を作成する。それぞれの表札が表す子育て支援・保護者支援の原理について話し合う。

【演習の発展】

貴園におけるお迎えの場面で実際に行われている保育士と保護者とのやり取りをエピソード記録として各メンバーがまとめ、そこでどのような子育て支援・保護者支援が展開されているかにつき、❶～❻の手続きに従って演習を行う。

第2章

子育て支援を行うための原理と基本

第1節：子育て支援の根底にある専門職の価値および倫理をふまえ、対人援助に共通する原則としてバイステックの7原則を確認する。また、一人の人間を支えるためのストレングス視点やエンパワメント、アドボカシー等の対人援助の専門的知識を学ぶ。

第2節：子育て支援において保護者の話を聴いて寄り添い、課題へ取り組める信頼関係をつくるため、対人援助の基本的なコミュニケーションスキルを確認する。また、相談援助のベースとなるソーシャルワークの展開過程を学び、子育て支援が見通しをもって体系的に行われるように理解を深める。

第3節：子育て支援にかかわる社会資源として、児童相談所や市町村、保育所以外の児童福祉施設や子育て支援事業の役割について確認する。また、ネットワーク型援助の必要性に触れ、地域において保育所がかかわる要保護児童対策地域協議会や新たな拠点の機能や役割に関する知識を学び、保育所と社会資源の連携の可能性について理解を深める。

2-1 対人援助における基本原理

保育所保育指針によれば、保育所は「保育を必要とする子どもの保育を行い、その健全な心身の発達を図ることを目的とする児童福祉施設であり、入所する子どもの最善の利益を考慮し、その福祉を積極的に増進することに最もふさわしい生活の場でなければならない」とされる。さらに、「家庭や地域の様々な社会資源との連携を図りながら、入所する子どもの保護者に対する支援及び地域の子育て家庭に対する支援等を行う役割を担う」施設であって、その役割を担うためには保育所だけでなく、家庭や地域の社会資源との連携が求められている。第４章の子育て支援においても、保護者との相互理解、保護者の状況に配慮した個別の支援等の考え方が示されている。

子どもの最善の利益のために保護者との協力関係を結びながら支援を展開するためには、保育士の固有の専門性である子どもの発達や支援にかかわる専門的知識や技術だけでなく、福祉分野の専門職に共通の対象理解と支援を要する人のニーズを聴き、寄り添うための基本原理に対する理解、対人援助技術とその展開過程に関する知識およびその実践が必要である。まずは、対人援助の基本原理を確認したい。

1 保育所の役割

保育所は児童福祉法第７条に定められる児童福祉施設であり、子ども・子育て支援法に定められる教育・保育施設である。児童福祉施設の一つとして、日々児童の権利や最善の利益を守り、児童の育成責任を支えている。人間の生活と権利を守る対人援助の施設ともいえる。個別の施設の理念にとどまらず、対人援助に通じる倫理や人間に対する理解、そのために用いられる原理・原則にかかわる知識や子どもを支援するための固有の技術が求められているともいえる。

保育所、保育士の行う保育の拠りどころとなるものとして、保育所保育指針がある。

2 専門的価値と保育士

（1）専門的価値を確認する必要性

保育や子育て支援に限らず社会福祉における対人援助では、人が生きることそのものに深くかかわらねばならず、困難に直面している人の生活や人間関係、環境にかかわる実情を目の当たりにするだろう。

たとえば保育所では、保護者が登園のたびに子どもをひどく叱責する様子を目の当たりにし、子どもがオドオドしたり、元気がない状態を心配することがあるかもしれない。しかし、保護者自身がストレスフルな家庭状況で生活しているため気持ちに余裕がないこと、それでも一生懸命やろうとする気持ちを理解することもできる。保育士としては、保護者への支援と子どもへの支援の両方を成立させなければならない。保育士が保護者を支持しすぎれば子どもが辛い思いをすることを肯定することになる。逆に保育士が子どもの気持ちを代弁しすぎれば、保護者は自分が非難されているように感じ、自信を失ったり、敵意を抱かれたり、信頼関係を損なう可能性がある。保護者との対立を避けるために保育士が葛藤しながらも、何もできず親子を見守るような状態が続くとすれば、長期的にみて不利益を被るのは子どもである。

これは、保護者への支援と子どもへの支援というどちらも大切にすべきと考える二つの価値の間で、保育士である自分自身が葛藤したり、どのように支援をしたらよいか判断を迷う状況といえる。このように、二つかそれ以上の対立する価値に直面して葛藤することを倫理的ジレンマという。日々の実践のなかで、こうした経験はないだろうか。倫理的ジレンマが起きたとき、専門職として優先すべき価値が何かを理解していることが必要となる。

保育所保育指針でもっとも大切にしている子どもの最善の利益を保障するという行動原理に立ち返れば、子どもに対する不適切なかかわりであることの判断をもとに、保護者へのアプローチの仕方を変える必要があることがわかるだろう。保育士は子どもと保護者の両方を支援するが、もっとも大切にされるべきことは子どもの最善の利益に適う保育を提供し、子どもの権利を守ることである。

日々の支援においては、専門職の専門性以前に、自分自身の価値観や人間観、倫理観が問われる場面が多々起こりうる。その時、個人としての自分と援助者である保育士としての自分を切り離すことはできないため、適切な援助の選択や価値判断に個人的な価値観が大きな影響を与えてしまうこともある。それを避けるためには、専門職自身が自己覚知を通じて自己の価値観や特性を適切に把握し、コントロールして、専門職としての価値と倫理に基づいた行動と判断ができるようにする必要がある。なぜならば、価値観は私たちの行動を方向づける働きをするからである。

(2) 対人援助職としての倫理綱領と保育士

専門職の専門性を構成する要件は、専門的価値・倫理、専門的知識、専門的技術、判断と考えられている。保育士としての専門的価値・倫理を備えることは、「保育士として」の行動を方向づける働きをする。

社会福祉はある一定の価値を実現するための**設計科学**であるともいわれ、子ども家庭福祉分野の一領域である保育、子育て支援も、「子どもの最善の利益」という価値を実現することを目的としている。そのため、文化的価値や社会的価値のみならず、専門職としての価値や援助の原理・原則への深い理解が求められる。対人援助の専門職である保育士は、行動の指針やその際のルールを定めた専門職の倫理をもっている。全国保育士会倫理綱領（以下倫理綱領）は専門職としての宣言であり、実践の価値を示した拠り所となる。

倫理綱領には、前文、子どもの最善の利益の尊重、子どもの発達保障、保護者との協力、プライバシーの保護、チームワークと自己評価、利用者の代弁、地域の子育て支援、専門職としての責務といった8項目が掲げられている（巻末ページの「全国保育士会倫理綱領」を参照）。

「保護者との協力」では、「私たちは、子どもと保護者のおかれた状況や意向を受けとめ、保護者とより良い協力関係を築きながら、子どもの育ちや子育てを支えます」とうたっており、保育士が第一に考え増進するように努める子どもの最善の利益を尊重するために、保護者とのパートナーシップを大切にし、支えることを示している。倫理綱領をていねいに読み解いていくことで、保育士が目指すものは何か、そこで求められる役割は何かといった価値基準を確認することが肝要である。

また、ほかの対人援助の専門職の倫理綱領から学ぶことも有益である。たとえばソーシャルワークを専門とする国家資格の社会福祉士の倫理綱領を見ると、「価値と原則」の一つに「人間の尊厳」が掲げられており、どのような状況におかれていても、すべての人間を一人ひとりかけがえのない存在として尊重しなければならないことをうたっている。とくに倫理基準の一つの柱とされる「利用者に対する倫理責任」は重要な価値ということができ、利用者の利益を最優先すること、利用者をあるがままに受け入れること、利用者の自己決定の尊重、それに伴う利用者の権利擁護など、保育士にとっても保護者や子どもを支援するにあたって遵守すべき事項として参考にすることができる。

なお、全国保育士会では、全国保育士会倫理綱領ガイドブックを発刊し、

 KeyWord

設計科学

目指す、達成される必要がある一定の「価値」を設定し、それを実現するために必要な手続きや方法、制度等のありようを探求する科学をいう。端的には「あるべきものの探究」をするのが設計科学、「あるものの探求」をするのは認識科学と説明される。
日本学術会議科学者コミュニティと知の統合委員会「対外報告 提言：知の統合ー社会のための科学に向けてー」, 2007, p.7

図表2-1 **倫理綱領学習シート**

全国保育士会倫理綱領とは

2003（平成 15）年に策定された「全国保育士会倫理綱領」は全国保育士会の活動の［　　］となるものであり、「保育所保育指針解説書」でも言及されました。倫理綱領のすべての条文は、内容的にそれぞれ関連し合っています。

「全国保育士会倫理綱領」は、そこに示された内容・意義について、一人ひとりの適切な認識のもとに、［　　］に深く根ざし、それが［　　］となって現れることが必要です。

［　　　　］化を契機に、保育士は、自らの［　　］と［　　］について、認識を新たによりよい保育を実践していくことが求められます。

一人ひとりが、この倫理綱領にうたうすべてのことがらについて 、当然のこととして［　　］していけるようになってこそ意義があると言えます。

「全国保育士会倫理綱領」を［　　　　］とし、常に自らの人間性と［　　　］を見つめ直す姿勢と向上心を持つことによって、日々の保育をよりよくしていく。それこそが、前文のうたう次の３つの事項を実現し、一人ひとりの子どもの［　　　　　］を実現していくことにつながるのです。

私たちは、子どもの［　　］を支えます。
私たちは、保護者の［　　　］を支えます。
私たちは、子どもと子育てにやさしい［　　］をつくります。

2004（平成 16）年には、「全国保育士会倫理綱領」の理解の定着と活用の促進を図るために「全国保育士会倫理綱領ガイドブック」を作成しました。ガイドブックは、条文の解説と具体的な保育場面の事例を示すことによって、倫理綱領を分かりやすく紹介しています。

保育所保育指針および幼保連携型認定こども園教育・保育要領の見直しに合わせて、ガイドブックは、2009（平成 21）年に改訂版、2018（平成 30）年に改訂 2 版を発行しています。

選択肢

（ア）子育て　（イ）責務　（ウ）行動　（エ）社会　（オ）意識
（カ）専門性　（キ）根本　（ク）行動規範　（ケ）国家資格　（コ）育ち
（サ）最善の利益（シ）役割
※１つの単語のみ２ヶ所に入ります。

出所：全国保育士会制度・保育内容研究会「『全国保育士会倫理綱領』学習シート～倫理綱領をより理解するために～」

ホームページで倫理綱領学習シートを公開している。こうした学習ツールも活用しつつ専門職として大切にすべき専門的価値、倫理を深く理解することが必要である。

3 専門職に相談し支援を求めること

(1) 相談すること・支援されることの勇気を知る

保護者が子育てに関して「こんなことを話したら批判されるのではないか」「親としての自分の力不足を怒られたらどうしよう」「親なのにこんなこともできないなんて自分がおかしいのだろうか」とためらえば、誰に対してもなかなか話を聞いてほしい、支援してほしいとは言い出せないだろう。そもそも、受け止めてもらえるか不安である。もう一方では、支援が必要でありながらその必要性に気づいていない保護者、拒否的な保護者もおり、専門職が支援を提供することはおろか、関係をつくることさえ難しい保護者もいる。こうした保護者は接近困難、援助が難しい保護者として理解されがちであるが、保護者が福祉サービスや他者に相談したり助けを求めた際に、うまくいかなかった経験が拒否的・否定的な態度を生み出していることもあり、なぜそうした状況になっているか、その背景をていねいに読み解くことが必要となる。後述するが、支援の対象を多面的にとらえる視点が大切である。

専門職の立場からすると、保育士が「どんなことでも相談していいですよ」「誰でも支援を受けるものですよ」と保護者に扉を開いているつもりでも、ごく親しい身近な人にさえ相談しづらいことを専門職に相談するということは、そもそも勇気のいることだと気づくことが大切になる。これがサービスの利用者にとって「敷居が高い」という表現になるものと考えられる。いかに敷居を低くしていくかが関係づくりのポイントの一つになる。

福祉サービスは基本的に申請主義であって、相談や申し込みなどがあってはじめてサービスにつながるという性質をもつ。保護者がSOSを出すことが難しい、支援を受け入れられないということは、子どもに支援が届かないことを意味している。これでは、子どもの最善の利益を保障したことにはならない。

保育士にとって何が優先すべき価値なのかを理解することとともに、保護者が保育士に対して、自分の困っていることを聴いてほしい、支援してほしいと言えるよう、ともに課題に取り組めるような関係づくりが欠かせない。これは子どもとの関係においても同様のことがいえるだろう。

子育て支援における保護者とのパートナーシップはもとより、基礎的な援助関係づくりには信頼関係（ラポール）の構築が求められるが、信頼関係はさまざまな配慮がなされ、十分に聴かれる体験のなかで育まれていくと考えられる。

(2) 専門職として聴くということ

この保育士にならば、どんなことでも話して大丈夫そうだと保護者が思えること、そして、話しはじめたらもっと話したいという意欲をもって、保護者自身・子ども自身の課題に気づいて保育士と手立てを一緒に考え、主体的に取り組むことができるようにすることが必要になる。

なかには、急な困りごとによって保育士に話して大丈夫か大丈夫でないかなど自分自身に確かめる余裕もないまま、状況を何とかしたい一心で保育士に相談する保護者もいるだろう。言葉でうまく表現することができない保護者は、いつもとは違う態度や表情で気持ちを表出するかもしれない。それに対して保育士が驚いたら、保護者はどう思うだろうか。やっぱり受け入れられないのだということを察知することになるだろう。話を受け止めることができたとして、保育士は困難な状況を保護者に代わって解決することを請け負うことはできないし、不用意に大丈夫であるかのような保障をすることもできない。

ここで専門職としての役割や限界もしっかりと意識できていることが求められ、何より聴くための技術が必要であることがわかる。聴く技術には、傾聴、共感、受容、質問の仕方をはじめとするコミュニケーションのための技法が含まれる。

また、保護者が保育士によって聴かれ、受け止めてほしいのは「困っている事柄や状態」なのではなく、「右往左往するありのままの私」であることを意識する必要がある。ここに、聴き方の技術とともに受容が重要であることを確認できる。また、「ありのままの私」を受け止め、課題に取り組む際には、断片的に切り取ったまま理解するのではなく、いろいろな側面をもつ存在として、その人の全体をとらえたうえで多面的に理解することが求められる。これを「ホリスティック・アプローチ」という。保護者のある一面つまり何らかの反応や行動、状態一つがその人の人格を示すことはない。このように、対人援助の前提として人間と向き合う姿勢を知ることが欠かせない。

朝夕の送り迎えの場面や何気ない立ち話のなかで、言葉として、ときには雰囲気や態度、表情などで出されたサインを「受け取る」技術を身につける必要がある。

4 対人援助の原理・原則 ― バイステックの7原則 ―

ここで改めて、保育所保育指針第４章：子育て支援の「保育所の特性を生かした子育て支援」を確認しておきたい。

保育所保育指針第４章：子育て支援（抜粋）

1　保育所における子育て支援に関する基本的事項

（1）保育所の特性を生かした子育て支援

ア　保護者に対する子育て支援を行う際には、各地域や家庭の実態等を踏まえるとともに、保護者の**気持ちを受け止め、相互の信頼関係**を基本に、保護者の**自己決定を尊重**すること。

イ　保育及び子育てに関する知識や技術など、保育士等の専門性や、子どもが常に存在する環境など、保育所の特性を生かし、保護者が子どもの成長に気付き子育ての喜びを感じられるように努めること。

（2）子育て支援に関して留意すべき事項

ア　保護者に対する子育て支援における地域の関係機関等との連携及び協働を図り、保育所全体の体制構築に努めること。

イ　子どもの利益に反しない限りにおいて、保護者や子どもの**プライバシーを保護**し、知り得た事柄の秘密を保持すること。

専門職が一人の人間をどのように理解し、向き合ったらよいかを確認する必要がある。子どもであろうと保護者であろうと、同じ人間としてとらえなおしてみると、皆が固有の人格をもった尊厳のある存在であり、また皆がそれを平等に尊重されなければならない。そして、生きるために必要なことを保障される権利をベースとして、一人ひとりが良い状態であることとそれを望む権利があり、日本国憲法では基本的人権や生存権、幸福追求権としてうたっている。

上記の「保育所保育指針第４章：子育て支援」のさわり部分だけを確認しても、保育士ということのみならず、対人援助の専門職として求められる原理・原則やそのための技術がふんだんに入っていることがわかる。

保育士会倫理綱領における遵守すべき価値をより深く理解するとともに、信頼関係を構築するために必要な対人援助の基本的姿勢として、ソーシャルワークで理解されている「バイステックの７原則」を以下に確認しておきたい。

この原則には個別化、意図的な感情表出、統制された情緒的関与、受容、非審判的態度、自己決定、秘密保持がある。

（1）個別化の原則

この原則は、「何かに困っている人」や「あるニーズを抱えるケース」として一括りにするのではなく、固有の人格や名前、意思、経歴等をもった一人の個人としてとらえることである。誰であっても「たった一人のかけがえのない私」として対応してほしいと思うことは当然の願いである。仮にAさんとBさんが似た福祉的課題を抱えていたとしても、AさんとBさんは生きてきた環境はおろか、それぞれ違う感情をもち、支えてくれる人も異なり、もともともっている力も異なるだろう。保育士はそのことを理解し、目の前のたった一人の保護者、たった一人の子どもに合わせた支援方法を考える必要がある。

（2）意図的な感情表出の原則

自分の置かれた状況や直面する課題と向き合うときの、怒りや戸惑い、悲しみなどの気持ちを保護者が言葉や表情などで自由に表現できるよう、保育士はその表現を促すような聞き方やかかわり方を意図的にすることである。言語・非言語の両方の感情表出を支え、非言語による表出がなされた場合にはていねいな観察によって寄り添うことが必要になる。

（3）統制された情緒的関与

目の前の保護者や子どもが保育士に対して怒りや無気力などネガティブな感情を表出したとしても、その感情に反応してうろたえたり混乱したりすることなく表出された感情に冷静に対応することである。

しかし、保育士のなかに恐怖や焦りなどの感情が起こる場合もあるため、保育士自身が自己覚知によって自分はどのような価値観によって物事を判断しているのか、どのような感情を抱きやすいかなどの特徴を知り、コントロールできることも必要となる。

（4）受容

目の前の保護者や子どもの状態をあるがままに受け止めて、理解することである。しかし、他者の権利や利益を侵害するような適切でない言動や要求を許すことではない。たとえ敵対的な物言いをしたり、後ろ向きで他者を寄せつけないような状態であっても、保育士が排除したり、逃げたり、追い返したりすることのない存在そのものを肯定する態度である。

（5）非審判的態度

保護者の感情や対応等に対して、保育士の価値観によって裁いたり、評価しないことである。保護者は他者から一方的に裁かれたり、評価され非難されたくないと考えている。保育士がもつ個人的な価値基準によって、そうした反応をしないことが肝要である。たとえば、虐待などの行為は子どもへの人権侵害であり許されることではない。このことの善悪の判断は当然することになるが、重要なことは裁くことが目的なのでなく、虐待がどのような状況によって起きているのか、その背景にあるさまざまな出来事や感情などを理解することに重きが置かれる。

（6）自己決定

自分の人生にかかわる決定について保護者が自分自身で選択し、選びとることができるようにすることであり、専門職はそれが可能になるように支え、その決定を尊重することである。保護者が何かを選んで決めようとするとき、必要に応じて選択肢に関する情報提供をすることも欠かせない。

（7）秘密保持

相談援助の前提となる原則であり、専門職によって秘密が守られるから、自分自身の状況や本当の気持ちを安心して話すことができるということである。話すことの前提に秘密が守られることがあり、信頼関係の構築にあたっても秘密保持の重要性がある。

バイステックの７原則は、支援を必要とする者のニーズに根差して導き出された原則であり、それぞれが独立したものというよりも相互に関連し合っていたり、補い合う関係にあるととらえることが必要になる。

5 人間の強さや力を支えるために

保育士は、支援する対象をどのような存在としてとらえたらよいだろうか。ソーシャルワークにおいて用いられている理論を援用して整理してみたい。

（1）ストレングス

どんなに困難な状況に置かれていたとしても、保護者や子どもがもっている力、強みがあると考えそれを支える視点のことをいう。力のなかには、たとえば本人の知識、技術、能力、意欲、経験、人とのつながり等も含まれる。できないことや弱い部分に着目してそれを克服する方法を考えるのではなく、できていること、力に焦点を合わせて支える。

（2）エンパワメント

エンパワメントとは、保護者や子どものもっている力（潜在的な力も含めて）に着目し、その力を引き出したり、強めたり、気づくように働きかけて積極的に利用し、援助することといえる。保護者や子どもといった個人だけでなく、その家族や集団、地域もエンパワメントの対象となりうる。

(3) アドボカシー（代弁）

児童の権利に関する条約ではもちろん、子どもが権利の主体であることが児童福祉法に明記され、より権利擁護が重視されている。

アドボカシーは、自分の意見や気持ちを自ら表現することが難しい保護者や子どもの権利を守り、そのニーズを代弁することをいう。保護者の支援と子どもの保育の両方を担う保育士は、誰の権利や利益を優先的に守るのかを専門的に判断しなければならない。とくに低年齢の子どもにとって、アドボカシーの機能を果たすことはきわめて重要となる。

(4) ワーカビリティ

「保護者」「子ども」といった立場や「子育て不安」「子どもとの適切なかかわり方がわからない」といった課題の解決策を提示したり、先回りして援助することだけでは、保護者が抱える課題を理解したことにはならない。保護者自身が保育士の支援を適切に受けながら、主体的に課題に取り組もうとする意欲を支えていく。保護者のこうした力を「ワーカビリティ」という。

2-2 対人援助における基本的スキル

第１節では、対人援助における原理を確認してきた。それを意識しつつ、実際に援助関係を構築するにあたって、また援助が進展していくにあたって求められる基本的な人とのコミュニケーションスキルについて学ぶ。

また、保育士による保護者、子どもへの支援においてもアセスメントや計画づくりなどのプロセスがあるが、とくに保護者支援において求められてきたソーシャルワークの展開過程やそのプロセスの意味についても確認してみたい。

1 コミュニケーションスキル

コミュニケーションと聞くと、言葉を介したかかわりをイメージすることが多いだろう。コミュニケーションには、言語コミュニケーションと非言語コミュニケーションがある。非言語コミュニケーションには、表情や態度など言葉を介さずに伝えられる情報があり、ていねいな観察によって受けとり読み解く態度が必須となる。

対人援助の基本的応答技法の有名なものとして、アイビーの『マイクロカウンセリング』がある。福祉における対人援助は相談によってニーズが明らかになってから始まると考えると、まず保護者や子どもとのやりとりをするにあたっての質問技法があげられる。また、アイビーの基本的なかかわり技法を参考にすれば、励まし、言い換え、感情の明確化や要約等があり、対人援助の基本的なコミュニケーションスキルとして理解しておきたい。

（1）質問技法

対人援助において情報収集は大切なプロセスであり、保護者や子どもが本当に話したいことを聴きとったり、答えを誘導しないためには適切な質問技法を選択する必要がある。

質問技法には、開いた（開かれた）質問と閉じた（閉ざされた）質問の二つがある。開いた（開かれた）質問は、聴かれる側に対して自由に、具体的な回答ができるように用いられる。When（いつ）Where（どこで）Who（誰が）Why（なぜ）What（何を）How（どのように）といった援助に必要な情報を得たり、詳しい状況を理解する必要がある際に、保育士が適宜必要な質問をすることもある。ただし、できるだけ自由に語れるように配慮し、問い詰めるような雰囲気にならないことに注意が必要である。

もう一つの閉じた（閉ざされた）質問は、「はい」や「いいえ」で答えられるような質問であり、援助の最初の場面で天気や保育所までのアクセス方法について話して緊張をほぐすような話題に使われる。また、援助において確認すべき事実関係などを聴きとる際にも用いられるが、あまり閉じた質問が続くと、問い詰められているような気分にさせるだけでなく、会話も深まらない。そのため、保育士はできるだけ開いた（開かれた）質問を使い、話される言葉にていねいに耳を傾けることが肝要である。

（2）はげまし

保護者に対するはげましは、相手の話を傾聴し、あるがまま受け止め、共感しつつ聴いていることを言語的・非言語的に伝えることである。はげましは、うなずきやあいづち、やや上体を前のめりにする、保護者が言葉に詰まって沈黙ができたときに話し出せるまで待つなどによって、あなたに関心をもって話を聴いているという姿勢を伝える。

（3）言い換え

保護者が話した内容を正確に援助者の言葉にして伝え、話の内容を確認したり、さらに話を掘り下げて詳しく話せるようにうながしたり、別の話題へ移ることをうながすことができる。

（4）感情の明確化

保育士が保護者の話を十分に傾聴し、話している内容から感情を表現している部分を要約し、保護者に対して返すことをいう。言語化されている気持ちだけでなく、言語化されない・言葉にならない気持ちに共感し、ていねいに汲みとって保護者に返すことが必要となる。これにより、保護者は保育士に理解してもらえたという感覚をもち、より信頼関係が深まると考えられている。保護者が自分の感情に気づき、整理ができたり、気持ちと向き合うことで、課題に対してより取り組みやすくなる。

（5）要約

保護者が話している内容の重要なポイントとなる部分を要約してまとめ、表現することをいう。話の内容が多岐にわたり複雑になってしまったり、混乱して焦点が定まらないなど、要点をまとめて整理する必要があるときに行う。保育士は保護者の話の要点が何かを意識しながら聴き、的確に要約することが求められる。

これ以外にも、保護者が話したことの一部か全部をそのまま返す「繰り返し」や相手の感情を言語や観察による非言語の情報によってそのまま返す「感情の反射」も用いられる。そのほか、保育士の声のトーンや話すスピードも、保護者の話す内容や状況に合わせて変えることが必要となる。低い声でゆったりと話せば落ち着いた雰囲気となるし、高い声で早口で話せば忙しく落ち着かない雰囲気になる。保護者が保育士に話を聴いて受け止めてほしいと考えるとき、どちらの雰囲気のなかで話をしたいかと考えれば、当然前者を選ぶことになるだろう。このように、コミュニケーションスキルを学び身につけることは、保護者と向き合う姿勢をつくることにもつながる。

対人援助の原理・原則に基づいてコミュニケーションスキルを活用しつつ、適切にニーズに寄り添っていくことで保護者との信頼関係が深まり、子どもの最善の利益を守るための保護者支援となっていくといえる。

2 保育士とソーシャルワーク

これまで1999年、2008年に行われた保育所保育指針の改訂やそれに伴う2001年、2011年の保育士養成課程カリキュラムの変更において、保護者に対する子育て支援や相談のスキルが重視され、対人援助の基礎的知識・技術としてソーシャルワークを学ぶことになった。コミュニケーションスキルも含めた相談援助の科目は、保護者支援に必要な基礎的スキルを学ぶ演習だった。しかし、最新の養成課程では、これまでの流れで設置されてきた相談援助の科目が削除され、演習を通じて体験的に対人援助のスキルを学ぶ機会はなくなってしまった。

ソーシャルワークは、福祉サービスの利用者と人、社会資源との間の調整、連携、協働をすることにより、人と人、人と環境をつなぐことによって問題を解決したり、緩和することを得意とし、とくに支援の切れ目や狭間が生じやすい状況にある人々を支えるにあたって重要な役割を果たしている。

たとえば、要保護児童対策地域協議会のように、要保護児童や要支援児童等に対する専門的援助のためのネットワークを制度的に構築することに注力するようになっているが、地域に散らばる社会資源を結び援助に活用するネットワークもソーシャルワークの関連援助技術の一つである。

保育士も、保護者や子ども、地域とのかかわりのなかでソーシャルワークと類似した働きをしていることがあるだろう。手厚い支援が必要な保護者や子どもに対しては、アセスメントの重要性が指摘されるし、小学校との接続では他の専門分野・専門職との連携が必要とされ、その後の援助がうまくいったのかをフォローアップしていくことも大切な役割である。

対人援助の展開には一定の道筋があるが、ここではソーシャルワークの展開過程を参考に、支援がどのような流れをたどるのかについて確認したい。

3 ソーシャルワークの展開過程

ソーシャルワークの展開過程とは、個人、家族、地域などが抱える困難の解決や緩和に向けた、援助者による一連の援助活動の流れのことをいう。保育に限らず、実際の対人援助は細切れに行われるのではなく、今どのような段階を踏んでいるのかを十分にふまえ、統合的に行われる必要がある。そのため、一連の展開過程について理解しておきたい。

(1) インテーク（支援の開始）

「受理面接」ともよばれており、援助の導入ともいえる。援助は、保護者本人や家族から相談を受けたり、保育士が問題に気づいたり、他の施設・機関から紹介されるなど、相談によって開始される。保育士が保護者のニーズや抱えている困難に気づくプロセスである。第１節で述べたように、本人が問題に気づかなかったり、支援を拒否している場合にはよりていねいに保護者とかかわり、信頼関係を構築することが必要となる。

(2) アセスメント（事前評価）

保護者や子どもの困難やニーズの全体像を理解するために必要な情報を観察や収集し、どのような援助が必要であるかを判断するプロセスであり、事前評価ともよばれる。また、保護者や子どもの問題解決能力、活用可能な資源についても評価し、困難に対する認識を深め、援助の目標を達成するための課題を明らかにする。

アセスメントでは、情報を整理して保護者や子どもを多面的に理解することが大切になる。保育所内外の専門職が見てわかるように、ジェノグラム（家族関係図）やエコマップ（社会関係図）の技法を用いて図解化して情報を整理しておくことも大切である。

(3) プランニング（支援計画作成）

アセスメントにおいて明らかになった事柄をもとに、利用者の困難を解決するための具体的な支援計画を立案するプロセスである。目標設定にあたっては、利用者の意向を取り入れ、必要に応じた計画の修正や変更ができるよう、柔軟な対応をする必要がある。また、作成した支援計画は、援助を担当する職員間で内容を確認して共有する必要がある。

(4) インターベンション（支援の実施・介入）

支援計画を実施する相談援助の中心的なプロセスであり、介入や実施ともよばれる。保護者や子どもの抱える困難に対し、計画に基づいて目標に向けた援助を展開する。保護者・子どもとその環境の双方に働きかけ、支援にかかわる情報提供やつなぎをしたり、公的·私的な資源を活用することとなる。保育所以外の社会資源との連携や調整が必要となる。

(5) モニタリング（経過観察）

保護者への援助内容が適切な内容であったかどうかを評価するプロセスであり、「経過観察」ともよばれる。日常の保育で行われる援助のなかで観察や面談等によって親子の関係の変化や課題について点検する。

(6) エバリュエーション（事後評価）

支援計画に基づいて行われた援助が適切であったかどうか、困難が解決あるいは緩和されたか、他の問題状況が生じていないかなどを検討するプロセスであり、「事後評価」とよばれる。モニタリングの結果、援助計画の修正が必要である場合、再アセスメントを実施して再度プランニングへと戻ることとなる。支援のプロセスは直線的に進むわけではないため、事後評価の結果次第でフィードバックすることが求められる。

(7) ターミネーション（終結）

保護者・子どもの目標が達成でき、生活上の困難が改善され、生活が安定的に営めると判断されると、援助は終結することとなる。保護者や子どもが新たな生活や対応に取り組むための援助が必要となるプロセスともいえる。終結によってすべての支援が再開されないということではなく、必要に応じて援助を再開することもあるため、保護者にも再び支援が受けられることを伝えておくことが必要となる。

万が一、転居のように何らかの事情で保護者と子どもが保育所から離れることになった場合には支援を終結せざるをえなくなるが、次の機関・施設において引き続き支援を受けることが可能となるように、保護者に対する情報提供だけでなく、場合によっては市町村や次の機関・施設に保育士からつな

図表2-2 ソーシャルワークの展開過程

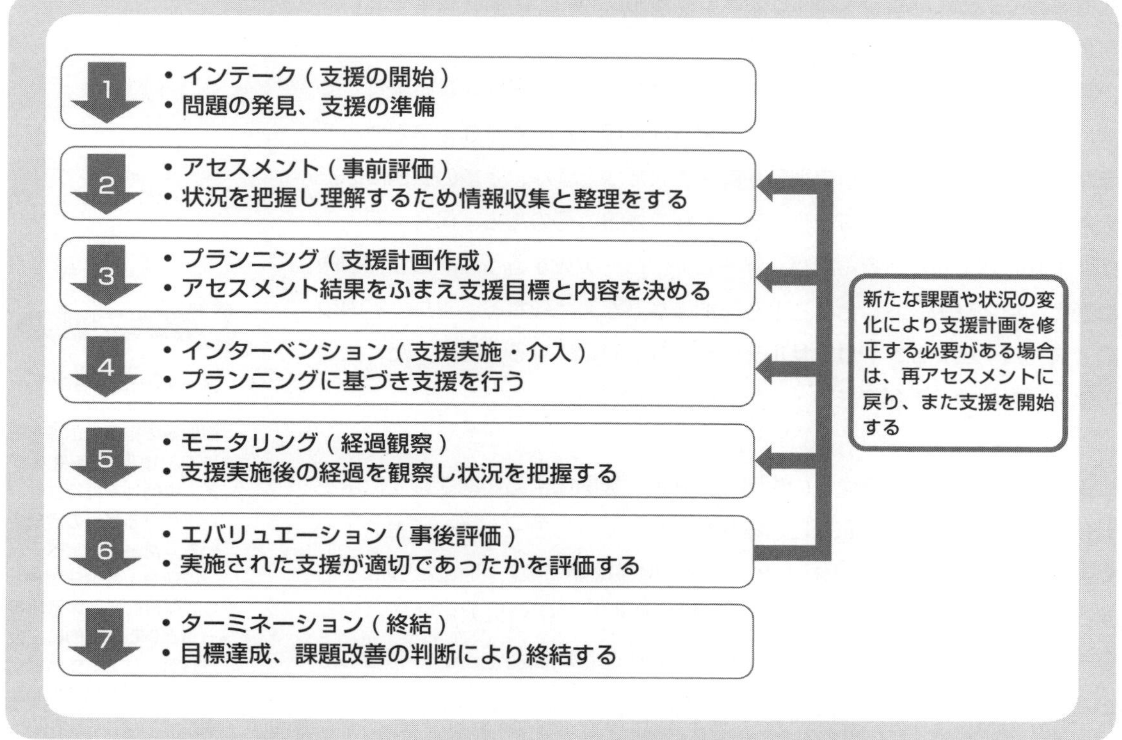

出所：社会福祉士養成講座編集委員会編『新・社会福祉士養成講座7　相談援助の理論と方法Ⅰ　第3版』，中央法規出版，2015を参考に筆者作成

ぐことが求められる。

4 支援の可視化と見通し

ソーシャルワークの展開過程を確認したが、どのように保育士が活用できるかを考えてみたい。日常的に保育士が保護者に対して行う子育て支援や付随する援助は、送迎時や連絡帳等でのやりとりなど、かならずしも相談・面接というかしこまった状況によるものではないかもしれない。もちろん、保護者にとって話しづらいことや相談事は落ち着いた部屋のなかでていねいに聴かれると思われるが、どちらかといえば、保護者への声掛けややりとりは送迎の場面でさりげなく行われているであろう。

保育士は、保護者の表情や態度、親子の様子、保護者からの確認や質問への応答のなかでさまざまな情報を得ており、そこから保護者自身の成長はもちろん、何らかの違和感として受けとったり、具体的な課題や問題、援助の必要性などを把握していることだろう。

ソーシャルワークの展開過程は、保育士が日常において実施している援助を客観的にとらえなおし、次にどのような対応が必要であるかを順序立てて考えることにとても役立つといえる。

場面ごとの支援が細切れに行われるのではなく、保護者に対する子育て支援としてどのような目標をもってどのような課題にどのような方法で対応するか、援助の振り返りをして課題が解決されたかどうか、今後の課題にはどのように対応すべきかを可視化することができる。そのため、保育士個人の援助の質の向上ももちろんだが、チームアプローチをするうえで皆が客観的に考え、マネジメントし合うことも可能になると考えられる。また、どの段階で**スーパービジョン**や**コンサルテーション**が必要になるかといった、援助の見通しをもつことができる。

保育所や保育士という単一の専門職、施設・機関による援助を超えたネットワークの必要性も浮き彫りになるなか、ソーシャルワークは保護者や子ども個人に対する援助にとどまらず、行政、関係機関･施設、地域社会などさまざまな社会資源を活用し、それらと連携･協働して困難に対応することができる技術であり、保育士も保護者や子どもへの援助にあたって参考にしたい。

スーパービジョン

援助者の指導や訓練を通じて、援助者自身を支え、専門性を維持させ、向上させるための活動をいう。たとえば、ベテランの保育士が現任訓練として教育的に、保育所の一員として管理的に、担任保育士に対し支持的に実施するのがこれにあたる。

コンサルテーション

援助の展開過程で、たとえば社会福祉士や弁護士などの専門職から助言を受ける活動をいう。関係する専門職から助言を受けることで支援方法や課題が明確化され、新たな視点を得ることが可能となることも多い。

2-3 社会資源の理解

ソーシャルワークの展開や基本的なコミュニケーションスキルを学んできたが、保育士や保育所の役割や機能を大きく超える専門性を必要とする複雑な課題を抱えている保護者や子どもも少なくない。その場合には、多機関との連携による支援やほかの専門機関へのつなぎ、要保護児童対策地域協議会（以下要対協）に参画するなどの対応が必要となるが、保育士として地域のなかで子どもと保護者を支えるために活用できる資源を把握し、理解することが大切である。また、多機関との連携に際しては、保育士自身が保育士の専門性と保育所の役割や機能を改めて確認しておくことも大切な準備となる。具体的な事例をもとにした連携については、第４、５章で説明する。

1 社会資源とは何か

社会資源とは、保護者や子どものニーズを充足するために活用される制度、施設･設備、金銭や物資、さらに集団や個人の有する知識や技能の総称である。つまり、保護者や子どものニーズを満たすために活用可能なあらゆるものが社会資源となる。

ソーシャルワークでは、個人の内的資源と外的資源を合致させてニーズを充足しており、社会資源はもっとも基本的な構成要素と考えられている。物的資源（金銭や物資、施設や設備、制度等）と人的資源（知識や技能、愛情や善意、情報や地位等）に大別することができる。

また、社会資源の性格は、制度や専門機関、専門職など公的なものと家族や友人、近隣関係など私的なものとに大別できる。

2 ソーシャル・サポート・ネットワーク

公的な社会資源とのつながりによってできるサポート・ネットワークはフォーマル・ネットワークであり、私的な社会資源とのつながりによってできるサポート・ネットワークをインフォーマル・ネットワークという。これらを総称して「ソーシャル・サポート・ネットワーク」とよぶ。

支援を必要とする困難な状態にある保護者や要保護児童のソーシャル・サポート・ネットワークは脆弱であることが多い。とくに、家族の小規模化と機能の縮小化や地域との疎遠は特別な家族の課題ではなく、どの家族においても起きており、脆弱なインフォーマル・ネットワークだけでは危機に陥る可能性と隣り合わせとも理解できる。かかわる人や機関が少なくなればなるほど、子どもと保護者を取り巻く点が少なくなり、点を結んだときのネットワークの網目が大きくなって網目からこぼれ落ちやすくなる。

そこで保育士や保育所だけで支えようとするのではなく、地域の社会資源がかかわるフォーマル・サポートネット・ワークによって重層的に支え、支援を次につないでいく視点が必要となる。

そのため、とくに保育所・保育士とかかわりの深い主要な社会資源として、関係機関やネットワークを確認しておきたい。

(1) 児童相談所

児童相談所は「市町村と適切な役割分担・連携を図りつつ、子どもに関する家庭その他からの相談に応じ、子どもが有する問題または子どもの真のニーズ、子どもの置かれた環境の状況等を的確にとらえ、個々の子どもや家庭に最も効果的な援助を行い、もって子どもの福祉を図るとともに、その権利を擁護すること」を目的としている。都道府県と政令市に必置義務があり、中核市にも設置できる。2016年の児童福祉法改正により、特別区にも設置できるよう拡大された。児童相談所運営指針に基づき運営されている。

相談、判定、指導、措置、一時保護の業務を担い、所長、児童福祉司、児童心理司、医師、保健師、児童指導員、保育士等が配置されている。一つの機関に多様な専門職がおり、チームアプローチと合議制によって支援方針や具体的な支援内容、方法が決定される。また、乳児院や児童養護施設等入所と里親委託にかかわる措置権限は、児童相談所の役割の一つである。

市町村への助言や実態の把握に加え、専門的対応や判定等を要する困難な支援については、市町村からの援助依頼を通じて送致を受けたり、要対協のスーパーバイザー等と連携して支援している。

(2) 市町村

市町村は、基礎的な地方公共団体として住民に密着した行政を実施している。子ども家庭福祉では児童および妊産婦の福祉に関し必要な実情の把握や情報提供、家庭その他からの相談に応じ、必要な調査および指導を行い、必要に応じて児童相談所に援助依頼を行うことができる。

保育の実施、乳幼児健康診査、各種の子育て支援事業を実施しているほか、現在は子ども家庭相談の第一義的窓口と位置づけられており、児童相談所や都道府県福祉事務所と並んで要保護児童の通告を受けるなど、基礎自治体としての役割が強化されている。

2016年児童福祉法改正により、一義的な子ども家庭相談や子育て支援により対応すべき事案について児童相談所から市町村への送致が新設されたほか、児童相談所が相談対応した結果在宅支援となった子どもと保護者に対する指導措置の委託先に市町村が追加された。また、市町村子ども家庭総合支援拠点の設置に伴い、支援を要する子どもと家庭に対して児童相談所との連携がより求められることになった。

(3) 福祉事務所と家庭児童相談室

福祉事務所は、社会福祉法により福祉に関する事務所として、高齢、障害、児童、公的扶助等社会福祉六法にかかる業務を担当する社会福祉の行政機関である。都道府県と市、特別区に設置義務があり、町村部は任意設置となっている。所長、指導監督を行う所員（査察指導員）、現業を行う所員（現業員）、事務を行う所員が配置されており、現業員と査察指導員には社会福祉主事の任用資格が求められる。

子ども家庭福祉関係では、児童および妊産婦の福祉に関し、実情の把握、相談、調査、指導を行うことが主要な業務である。母子生活支援施設や助産施設、保育所入所の申込を受けた場合、適当と認められたら福祉事務所の所長は都道府県知事や市町村長に通知することとなる。実際には、都道府県や市町村はその権限を実情がわかる福祉事務所長に委任することができるため、委任されている福祉事務所長は自ら施設入所の応諾をする。そのほか、母子・寡婦福祉貸付金の申請受付と受理、里親に対する訪問指導や児童相談所から依頼された調査などの業務を担っている。

福祉事務所に設置される児童家庭福祉の相談機関として、「家庭児童相談室の設置運営について」（通知）に基づき1964年から整備されている家庭児童相談室がある。機関としての業務内容は家庭児童相談室設置運営要綱において、家庭児童福祉に関する専門的技術を必要とする相談業務を行うこととされている。原則として非常勤の家庭相談員が配置され、社会福祉主事を配置することもできる。ただし、すべての福祉事務所に設置されているわけではない。

(4) 市町村保健センター

市町村保健センターは、保健師を中心に乳幼児の健康診査など住民に密着したサービスを行っており、保健所はより高度な専門性を要する業務や広域性のある業務を行う。近年は、乳児家庭全戸訪問事業等の訪問活動等により、虐待の早期発見や育児不安への対応ができるなど、リスクを抱える子育て家庭を支援につなげる役割を担っている。後述する母子健康包括支援センターにおいても重要な役割を果たしている。

（5）児童福祉施設（図表2－3参照）

児童福祉法に規定される児童福祉施設は、施設の目的に応じて子どもとその保護者等に適切な環境を提供し、養育・保護・訓練および育成、アフターケア等を中心にして、子どもの福祉と自立支援を図っている。

児童福祉法第７条には、助産施設、乳児院、母子生活支援施設、保育所、幼保連携型認定こども園、児童厚生施設、児童養護施設、障害児入所施設、児童発達支援センター、児童心理治療施設、児童自立支援施設および児童家庭支援センターの12種類の児童福祉施設が規定されている。児童厚生施設や障害児入所施設、児童発達支援センターには類型があるため、15種類となる。

児童福祉施設は、行政機関による入所措置となる施設、障害児のように施設給付費支給決定を必要とする施設、子どもや保護者の意思で利用する施設に分かれる。入所型と通所型のほか、医療法に規定する病院や診療所として必要な設備と職員を必置とする医療型施設と、その必要がない福祉型施設がある。国は児童自立支援施設と障害児入所施設を、都道府県は児童自立支援施設を設置する義務がある。

厚生労働省令で「児童福祉施設の設備および運営に関する基準」が定められており、入所中の子どもの生活や権利保障が適切に行われるよう基準にそった運営がなされており、保育所や幼保連携型認定こども園等にはこのほか子ども・子育て支援法に基づく、特定教育・保育施設および特定地域型保育事業の運営に関する基準がある。障害児施設にも別の基準がある。

①児童発達支援センターの理解

たとえば保育所には、児童発達支援センターに並行通園している子どもと保護者もいるだろう。障害受容をとりまくていねいな支援が必要であるが、保育所と児童発達支援センターの間に連携はあるだろうか。発達に課題のある子どものいる保育所に対する助言を受ける保育所等訪問支援との関係はどうだろうか。一人の子どもと保護者にいろいろな社会資源がかかわっている場合、その一つひとつの社会資源の役割や機能、援助方法を知り、必要に応じて連携して支援にあたる視点をもつことは、子どもと保護者への支援に一貫性や継続性をもたせることにもつながると考えられる。

図表2-3 児童福祉施設の区分と機能

分　野	施設区分	機　能
A. 母子保健の施策	❶助産施設	保健上必要があるにもかかわらず、経済的理由により、入院助産を受けることができない妊産婦を入所させて、助産を受けさせる施設
B. 保育の施策	❷保育所等	保育を必要とする乳児・幼児を日々保護者の下から通わせて保育を行う施設
	(再掲) 幼保連携型認定こども園	幼稚園と保育所の機能を併せ持ち、教育と保育を一体的に行う施設
C. 子どもが健やかに育つための施策	❸児童館	屋内に集会室、遊戯室、図書室等必要な設備を設け、児童に健全な遊びを与えて、その健康を増進し、又は情操をゆたかにすることを目的とする施設
	❹児童遊園	屋外に広場、ブランコ等必要な設備を設け、児童に健全な遊びを与えて、その健康を増進し、又は情操をゆたかにすることを目的とする施設
D. 養護を必要とする子どもたちへの施策	❺乳児院	乳児を入院させて、これを養育し、あわせて退院した者について相談その他の援助を行う施設
	❻児童養護施設	保護者のない児童（乳児を除く）、虐待されている児童その他環境上養護を要する児童を入所させて、これを養護し、あわせて退所した者に対する相談その他の自立のための援助を行う施設
	❼児童心理治療施設	児童を短期間入所させ、又は保護者の下から通わせて、社会生活に適応するために必要な心理に関する治療、及び生活指導を主として行い、あわせて退所した者について相談その他の援助を行う施設
	❽児童自立支援施設	不良行為をなし、又はなすおそれのある児童及び家庭環境その他の環境上の理由により生活指導等を要する児童を入所させ、又は保護者の下から通わせて、個々の児童の状況に応じて必要な指導を行い、その自立を支援し、あわせて退所した者について相談その他の援助を行う施設
	❾児童家庭支援センター	地域の児童の福祉に関する各般の問題につき、児童に関する家庭その他からの相談に応じ、必要な助言、指導を行い、あわせて児童相談所、児童福祉施設等との連絡調整、援助を総合的に行う施設
	❿自立援助ホーム	義務教育を終了した20歳未満の児童等や大学在学中の者で、児童養護施設等を退所した者に対し、これらの者が共同生活を営む住居において、相談その他の日常生活上の援助、生活指導、就業の支援等を行う施設
	⓫ファミリーホーム	養育者の家庭に児童を迎え入れて養育を行う家庭養護の一環として、保護者のない児童又は保護者に監護させることが不適当であると認められる児童に対し、養育を行う事業
E. ひとり親家庭への施策	⓬母子生活支援施設	配偶者のいない女子等及びその他の監護すべき児童を入所させて保護するとともに、自立の促進のため生活を支援し、あわせて退所した者について相談その他の援助を行う施設
F. 障害児への施策	⓭福祉型障害児入所施設	障害のある児童を入所させて、保護、日常生活の指導及び独立自活に必要な知識技能の付与を行う施設
	⓮医療型障害児入所施設	障害のある児童を入所させて、保護、日常生活の指導、独立自活に必要な知識技能の付与及び治療を行う施設
	⓯福祉型児童発達支援センター	障害のある児童を日々保護者の下から通わせて、日常生活における基本的動作の指導、独立自活に必要な知識技能の付与又は集団生活への適応のための訓練を行う施設
	⓰医療型児童発達支援センター	障害のある児童を日々保護者の下から通わせて、日常生活における基本的動作の指導、独立自活に必要な知識技能の付与又は集団生活への適応のための訓練及び治療を行う施設

出所：公益財団法人児童育成協会監修『目で見る児童福祉2020』，中央法規出版，2020，p.12を一部改変

②児童家庭支援センターの理解

保育所に虐待やマルトリートメントを受けた子どもが保育所に措置入所している場合、一時保護を解除されて自宅に戻った子どもや乳児院や児童養護施設から家庭復帰した子どもについても保育所を利用する可能性が高いことを考慮する必要がある。その際、市町村や児童相談所からの情報提供や何らかの支援依頼がある可能性があるが、地域に児童家庭支援センターがある場合は、保護の必要な子どもや家庭への支援の経験やノウハウがあるため、保育所が支援にあたって助言を受けたり、必要な連携を求めることも可能である。また、児童家庭支援センターは地域の子育て家庭に対する相談対応やショートステイ等の子育て支援サービスの提供もしているため、活用しうる社会資源として意識しておくとよいと考えられる。

児童福祉施設の目的や配置されている専門職などに対する理解を深めることで、子どもと保護者の支援の連続性に寄与できるようにしたい。

3 保育所とかかわりの深い子育て支援事業

2015年度からスタートした子ども・子育て支援制度のうち、地域子ども・子育て支援事業は地域の実情に応じた子育て支援サービスをより充実させるため、利用者支援、地域子育て支援拠点や放課後児童クラブなどの13事業を実施している。2016年度には子ども・子育て支援法の改正により、仕事・子育て両立支援事業として企業主導型保育事業と企業主導型ベビーシッター利用者支援事業が創設され、全体像は図表２-４のようになっている。

保護者や子どもは、地域での生活において保育所保育だけを利用しているわけではない。とくに保育と並んで身近な社会資源の一つとして利用されている子育て支援事業に対する理解が必要となる。保育所とかかわりの深いと考えられる事業をいくつか確認する。

（1）利用者支援事業

子ども・子育て支援制度の創設によってニーズに合った多様なサービスを円滑に利用できるよう、身近な場所での相談や情報提供、助言等の必要な支援を行う利用者支援と、関係機関との連絡調整、連携・協働の体制づくり等地域連携の二つの機能をもって支援している。

両方の機能をもつ基本型と、主に利用者支援のみを実施し、保育所等に関する情報提供や利用に向けた支援を行う特定型、保健師等の専門職がすべての妊産婦等を対象に利用者支援と地域連携の両方を実施する母子保健型の３つの類型がある。

（2）地域子育て支援拠点事業

子育て家庭等の負担感・不安感を軽減するため、子育て親子が気軽に集い交流することができる場の提供や、子育てに関する相談・援助、地域の子育て関連情報の提供、子育ておよび子育て支援に関する講習を行う。

（3）乳児家庭全戸訪問事業と養育支援訪問事業等

乳児家庭全戸訪問事業は、生後４か月までの乳児のいるすべての家庭を保健師等が訪問し、子育て支援に関する情報提供や養育環境などの把握を行う事業である。そこで産後うつや育児不安の強いハイリスクな親子を発見した場合、養育支援訪問事業につないで家庭を訪問し、養育の支援や助言等を行うことで家庭の適切な養育ができるよう支援している。

（4）子育て短期支援事業

保護者の出張や冠婚葬祭、病気等によって子どもの保育ができない場合に、短期間宿泊によって子どもを預かる事業（ショートステイ）である。ま

図表2-4 子ども・子育て支援新制度の概要

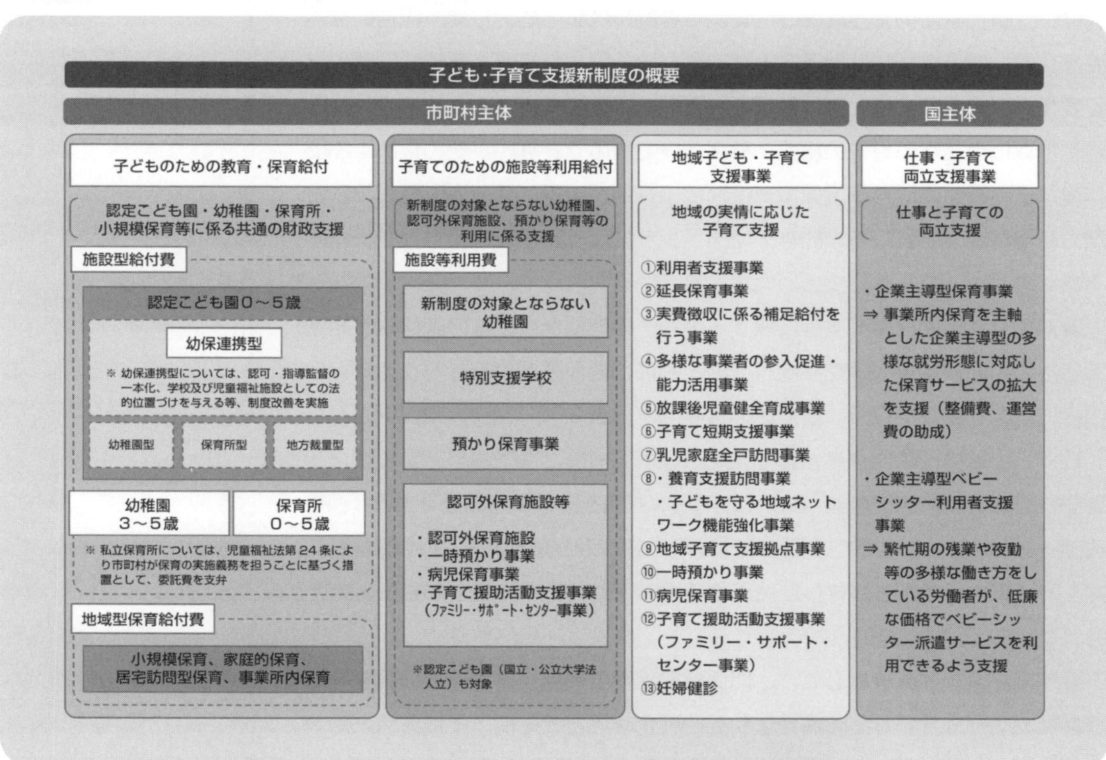

出所：内閣府子ども・子育て本部「子ども・子育て支援新制度について（令和2 年10月）」p.5
（https://www8.cao.go.jp/shoushi/shinseido/outline/index.html）

た、平日の夜間等に子どもの保育ができない場合、一時的に子どもを預かる事業（トワイライトステイ）がある。ショートステイは、育児ストレス等でリスクが高い保護者と子どもの関係調整の資源としても活用されている。

（5）子育て援助活動支援事業（ファミリー・サポート・センター事業）

乳幼児や小学生等の児童を有する子育て中の労働者や主婦などを会員として、送迎や放課後の預かりなどの相互援助活動を行う。

以上のような子育て支援事業は、保育所に通う保護者、子どもが利用していた・利用している可能性が高い。とくに、支援を要する保護者に対しては、母子保健ベースでの支援を過去に受けていた可能性もあり、支援が切れてしまうことを防ぐためにも保育所とこうした社会資源との連携も欠かせない。

4 要保護児童対策地域協議会と市町村の新たな拠点

（1）要保護児童対策地域協議会

2005年度から市町村が子ども家庭相談の第一義的相談窓口となった。市町村は、児童相談所のように一つの機関に専門職は集っておらず、総合的な判断を可能にする合議制はとることができない。何より複雑な背景や課題のある要保護児童や要支援児童、特定妊婦をどのように支援するかを考慮したとき、地域に点在する単一の施設・機関だけで対応できない。そのため、2005年度から市町村には要保護児童対策地域協議会（以下、要対協と略）の設置努力義務が課せられ、多角的なアセスメントによって重層的に支援を提供するためのネットワーク型支援が実践されている。

要対協では、要保護児童等に関する情報その他要保護児童の適切な保護を図るために必要な情報の交換を行うとともに、要保護児童等に対する支援の内容に関する協議を行う。要対協の意義は、図表2-5のとおりである。

要対協には多くの関係者がいるため（図表2-6）、連絡調整、支援状況の確認やモニタリングの実施、要対協の円滑な運営を図る事務を担当する「調整機関」を一つ置くことができる。守秘義務のある関係機関が子どもや家庭等に関する情報や考え方を共有し、適切な連携の下で対応することが重要と考えられている（図表2-7）。

要対協が果たす機能として、①関係機関相互の連携や役割分担の調整を行う機関を明確にするなどの責任体制を明確化するとともに、②個人情報の適切な保護と関係機関における情報共有のあり方を明確化することがあげられている。

図表2-5 要保護児童対策地域協議会の意義

要保護児童対策地域協議会の意義
❶ 要保護児童等を早期に発見することができる
❷ 要保護児童等に対し、迅速に支援を開始することができる
❸ 各関係機関等が連携を取り合うことで情報の共有化が図られる
❹ 情報の共有化を通じて、それぞれの関係機関等の間で、それぞれの役割分担について共通の理解を得ることができる
❺ 関係機関等の役割分担を通じて、それぞれの機関が責任をもって関わることのできる体制づくりができる
❻ 情報の共有化を通じて、関係機関等が同一の認識の下に、役割分担しながら支援を行うため、支援を受ける家庭にとってより良い支援が受けられやすくなる
❼ 関係機関等が分担をしあって個別の事例に関わることで、それぞれの機関の限界や大変さを分かち合うことができる

出所：厚生労働省「要保護児童対策地域協議会設置・運営指針」をもとに筆者作成

図表2-6 要保護児童対策地域協議会

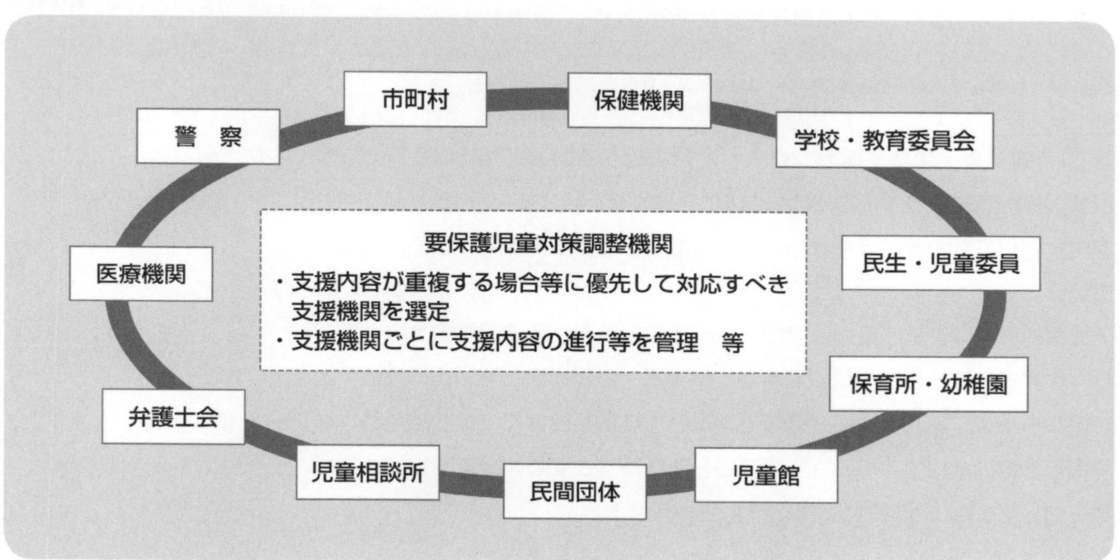

出所：厚生労働省 筆者が一部改変

（2）新たな拠点

①母子健康包括支援センター

2016年の母子保健法改正によって母子健康包括支援センターが法定化され

図表2-7 市町村・児童相談所における相談援助活用系統図

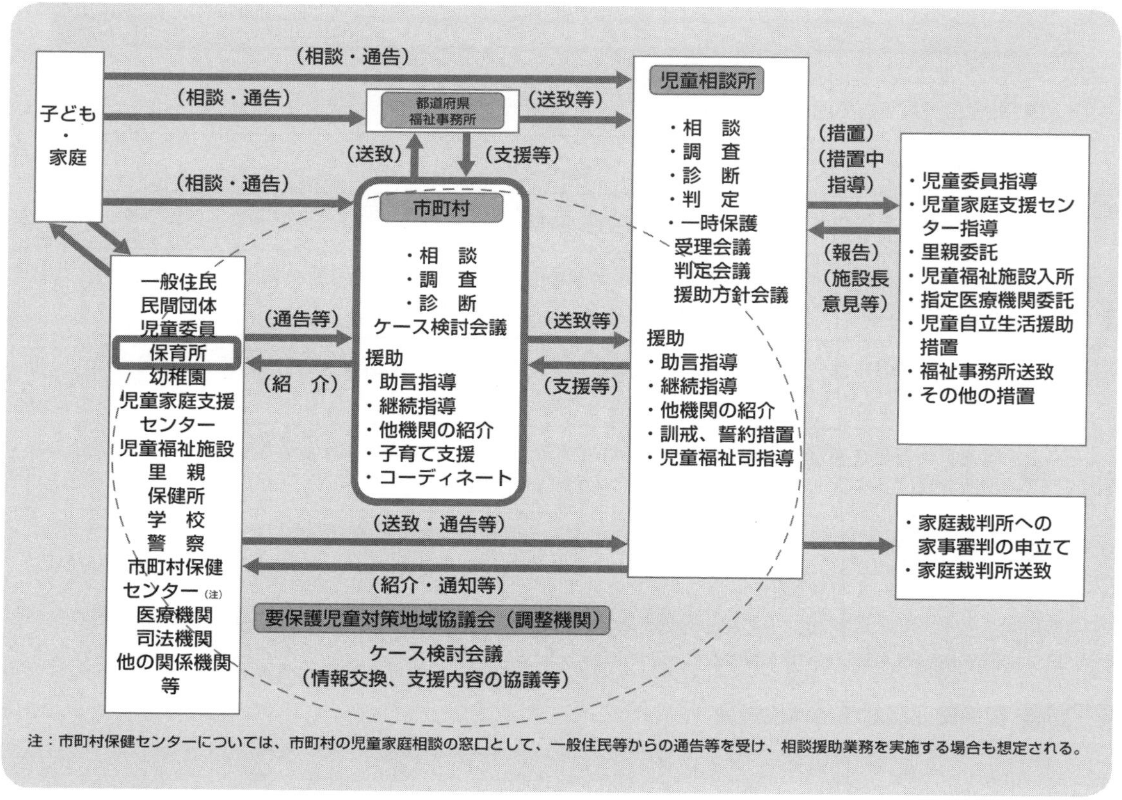

子ども・家庭
（相談・通告）
（相談・通告）
（相談・通告）
都道府県福祉事務所
（送致等）
（送致）
（支援等）
児童相談所
・相　談
・調　査
・診　断
・判　定
・一時保護
受理会議
判定会議
援助方針会議
援助
・助言指導
・継続指導
・他機関の紹介
・訓戒、誓約措置
・児童福祉司指導
（措置）
（措置中指導）
（報告）
（施設長意見等）
・児童委員指導
・児童家庭支援センター指導
・里親委託
・児童福祉施設入所
・指定医療機関委託
・児童自立生活援助措置
・福祉事務所送致
・その他の措置
市町村
・相　談
・調　査
・診　断
ケース検討会議
援助
・助言指導
・継続指導
・他機関の紹介
・子育て支援
・コーディネート
（通告等）
（紹　介）
（送致等）
（支援等）
一般住民
民間団体
児童委員
保育所
幼稚園
児童家庭支援センター
児童福祉施設
里　親
保健所
学　校
警　察
市町村保健センター（注）
医療機関
司法機関
他の関係機関等
（送致・通告等）
（紹介・通知等）
・家庭裁判所への家事審判の申立て
・家庭裁判所送致
要保護児童対策地域協議会（調整機関）
ケース検討会議
（情報交換、支援内容の協議等）

注：市町村保健センターについては、市町村の児童家庭相談の窓口として、一般住民等からの通告等を受け、相談援助業務を実施する場合も想定される。

出所：厚生労働省「児童相談所運営指針」より筆者が一部改変

た。「子育て世代包括支援センター」ともよばれている。2016年６月のニッポン一億総活躍プランにおいて妊娠期からの切れ目のない支援を実施するセンターとして努力義務等を課し、2020年度末までに全国展開することとなっている。

支援対象者は、すべての妊産婦、就学前の乳幼児とその保護者となっており、保護者には、ひとり親、若年親、事実婚、里親も含んでいる。妊娠・出産期から子育て期（とくに３歳まで）にわたり切れ目なく支援するため、母子保健分野のポピュレーションアプローチを基本とする。仮に支援ニーズが顕在化していない保護者も、継続的に把握していく。

②市区町村子ども家庭総合支援拠点

2016年の児童福祉法改正により、市町村に対し市区町村子ども家庭総合支援拠点（以下拠点）の設置を努力義務化（同法第10条の２）した。この拠点では、児童虐待発生時の迅速・的確な対応のため、市町村は実情の把握、情報提供、相談対応、調査および指導、関係機関との連携調整等を一体的に行う。なお、拠点設置にあたっては、複数市区町村との共同設置や委託も可能となっている。

市町村内では、拠点と子育て世代包括支援センター、要対協との連携、都道府県との関係では児童相談所との連携を強化し、子どもと家庭の支援を展開することになる。これに伴い、要対協の調整機関の専門職配置と研修の受講を義務化し、よりソーシャルワーク機能の強化を図っている。

(3) 保育所と社会資源 ― 連携を取り巻く課題 ―

保護者と子どもの支援にあたって、保育所や保育士が多くの社会資源と連携を図る際に気をつけておかなければならないのは、まず連携が意味すること、役割分担が意味することを確認しておくことである。

連携とは、「援助にあたって複数の専門職が関わる際に、①援助過程で知り得た情報を共有し、②援助の方針、ケースに関する認識について意思統一をし、③それぞれの職種、立場にそって役割分担を明確にし、④お互いに密に連絡を取りあいながら共通の援助目標にむかい援助をすすめる一連の過程をいう」とされている[1)]。

役割分担や情報共有においてしばしば困難さが生じるが、役割分担は連携の過程の一部であって役割の有無を確認するものではないことへの理解が必要である。また、情報共有に関しては連携の基本となるものとして保育士は守秘義務を果たしつつ、子どもの最善の利益を考慮して支援に必要な情報が提供できるように組織的に準備しておく必要がある。

<引用文献>

1）新保育士養成講座編纂委員会編『児童家庭福祉改訂３版』, 全国社会福祉協議会,2018, p.233

<参考文献>

1）秋田喜代美・馬場耕一郎監修矢萩恭子編『保育士等キャリアアップ研修テキスト保護者支援・子育て支援』, 2018, 中央法規

2）橋本真紀・山縣文治編『よくわかる家庭支援論第２版』, ミネルヴァ書房, 2015

3）柏女霊峰『子ども家庭福祉論第５版』, 誠信書房, 2018

4）最新保育士養成講座総括編纂委員会編『子ども家庭福祉』, 全国社会福祉協議会, 2019

5）新社会福祉士養成講座編集委員会編『相談援助の理論と方法Ⅰ第３版』, 中央法規, 2015

6）山縣文治『子ども家庭福祉論第２版』, ミネルヴァ書房, 2018

7）児童育成協会監修新保幸男・小林理編『子ども家庭支援論』, 中央法規, 2019

8）児童育成協会監修新保幸男・小林理編『子ども家庭福祉』, 中央法規, 2019

演習❶ バイスティックの7原則と実践を結びつける

【ねらい】

- 保育士が対人援助の専門職であることを深く理解するため、バイスティックの7原則が日常の保育や子育て支援のどのような場面に生きているのかをより具体的に明らかにし、対人援助の基礎的な理論と実践を結びつける。

【準備物】

本テキスト、筆記用具、ノートやふせん、振り返りシート①

【演習の流れ】

保育士が対人援助の専門職として求められる援助原理として、バイスティックの7原則を学びました。

❶振り返りシート①にバイスティックの7原則を書き出す。

❷振り返りシート①-1の左欄に書き出した、バイスティックの7原則の1つずつについて、それに該当する保育や子育て支援の場面を思い出しノートやふせんに書き出す。

※原則1つずつていねいに進め、7つすべて同様の手順で行う。

❸ノートやふせんを改めて見直し、保育実践における具体的な生かし方のアイディアを振り返りシート①-1の左欄に書き込む。1つでなくともよい。できるだけたくさん書き出してみるとよい。

※このワークはまず、一人で専門職である自分と対話しつつ、保育実践を振り返りながらじっくりと取り組むことが大切である。

【演習の発展】

❶個人で十分にワークに取り組んだあと、3～4人程度の小グループを作る。

❷グループごとに書いた内容を1人ずつ伝える。

❸伝えた内容をもとに共通する部分や自分にはない視点等について話し合い、振り返りシート①-2に記入する。

※専門職である保育士として、具体的な実践と理論の結びつきを言葉にして確認し合うことが大切である

振り返りシート① バイステックの7原則を保育に生かす

1．保育実践において具体的にどのように生かせるかを書き出してみましょう。

バイステックの７原則を保育に生かす

原則	保育実践での具体的な生かし方
①	
②	
③	
④	
⑤	
⑥	
⑦	

2．書き出せたらほかの保育士と見せ合い、日々の保護者や子どもとのかかわりに具体的に取り入れられるよう話し合ってみましょう。

演習❷ 地域の社会資源を確認する

【ねらい】

- 保育士が専門職として社会資源を活用しながら子どもと保護者の支援をする。その前提として、地域の社会資源をどの程度理解できているかを明らかにする。また、どのような場面で保育所が他の社会資源とかかわる必要があるのかを把握することにより、組織的に保育所内での共通認識を形成できるようにする。

【準備物】

本テキスト、筆記用具、ノートやふせん、振り返りシート②

【演習の流れ】

子どもと保護者を支える社会資源について学びました。

❶社会資源の種類を確認する。

❷振り返りシート②に、保育所・保育士として日頃かかわっている専門機関・専門職やその連絡先、さらにどのような時にかかわるかについて書き出す。
①機関・施設・組織名
②担当部署や担当者名（○or×）、連絡先
③専門職・職種・資格名等
④どのようなときに連携するか

❸表に入らない場合は、ノートやふせん等に記入する。

❹グループごとに書いた内容を一人ずつ伝え、どのようなときにかかわるのか、どのように連携するのか等、一つずつ具体的に確認する。

※不足する情報や詳細がわからないことについては、後日、市町村のホームページ等をもとに調べたり、園長や主任などに実態を確認したりなど、園内で情報を共有して共通認識をもてるようにする。

振り返りシート② 保育所・保育士がかかわる社会資源

1．日頃から保育所と関係のある社会資源の一覧を作成しましょう。

保育所・保育士として日頃かかわる社会資源

①機関・施設・組織名	②部署・担当者名・連絡先	③専門職・職種・資格等	④どんなときにかかわるか

第3章

保育相談支援

第１節：保育所保育士が子育て支援を行う目的や対象を理解する。子育て支援に活用できる保育士の専門性や保育所の資源を理解する。

第２節：保育所を利用している保護者に対する支援の特性を理解する。保育相談支援の方法について知り、保育と密接に関連していることを理解したうえで、保育として行っていることを子育て支援の視点でとらえなおす。

第３節：地域の子育て家庭に対する支援の特性や保育士の役割を理解する。地域の子育て家庭に対する支援において活用できる園の資源を理解し、園で実践できる地域の子育て家庭に対する支援を考える。

3-1 保育所の特性を生かした支援

保育所保育指針第１章：総則、さらに、第４章：子育て支援には、下記のように記されている。

保育所保育指針　第１章：総則

１　保育所保育に関する基本原則

（1）保育所の役割

ウ　保育所は、入所する子どもを保育するとともに、家庭や地域の様々な社会資源との連携を図りながら、**入所する子どもの保護者に対する支援及び地域の子育て家庭に対する支援等**を行う役割を担うものである。

（2）保育の目標

イ　保育所は、入所する子どもの保護者に対し、その意向を受け止め、子どもと保護者の安定した関係に配慮し、**保育所の特性や保育士等の専門性を生かして、**その援助に当たらなければならない。

保育所保育指針　第４章：子育て支援

１　保育所における子育て支援に関する基本的事項

（1）**保育所の特性を生かした子育て支援**

イ　**保育及び子育てに関する知識や技術など、保育士等の専門性や、子どもが常に存在する環境など、保育所の特性を生かし、**保護者が子どもの成長に気付き子育ての喜びを感じられるように努めること。

上記の内容から、保育所では入所している子どもの保護者に対する支援だけではなく、地域の子育て家庭に対する支援（以下、「地域における子育て支援」）を担うことが期待され、さらに、子育て支援を行う際には、保育所の特性や保育士の専門性を生かして支援を行うということがわかる。そこで、本章ではまず、子育て支援を行うための保育士の専門性や保育所の特性とは何かを確認する。

1 保育所保育士が行う子育て支援の目的

（1）子どもの最善の利益の尊重

保育所保育指針および保育所保育指針解説には、以下のように記されている。

保育所保育指針　第４章：子育て支援

保育所における保護者に対する子育て支援は、**全ての子どもの健やかな育ちを実現することができるよう、**第１章及び第２章等の関連する事項を踏まえ、子どもの育ちを家庭と連携して支援していくとともに、保護者及び地域が有する子育てを自ら実践する力の向上に資するよう、次の事項に留意するものとする。

保育所保育指針解説　第４章：子育て支援

【保育所における保護者に対する子育て支援の原則】

[子どもの保護者に対する保育に関する指導]

保護者が支援を求めている子育ての問題や課題に対して、保護者の気持ちを受け止めつつ行われる、子育てに関する相談、助言、行動見本の提示その他の援助業務の総体を指す。子どもの保育に関する専門性を有する保育士が、**各家庭において安定した親子関係が築かれ、保護者の養育力の向上につながることを目指して、**保育の専門的知識・技術を背景としながら行うものである。

保育所保育士は、「子どもの健やかな育ちを実現する」ために、「安定した親子関係が築かれるようにすること」や「保護者の養育力の向上」を目指して子育て支援を行う。

このように、保育士が行う子育て支援は、「保育士と保護者」の二者関係のなかで行われるわけではなく、**「保育士・子ども・保護者」の三者関係のなかで行われる**という特性がある。そして、保育士が子育て支援を行う目的は、あくまでも「子どものため」であり、**「子どもの最善の利益を尊重する」**ことを目的としていることを念頭に置いて支援することを忘れてはならない。

保育所保育指針解説には、「保護者に対する子育て支援に当たっては、保育士等が保護者と連携して子どもの育ちを支える視点をもって、子どもの育ちの姿とその意味を保護者に丁寧に伝え、子どもの育ちを保護者とともに喜び合うことを重視する」と明記されている。保育士が行う子育て支援は、「保育士・子ども・保護者」の三者関係のなかで行うからこそ、子どもの育ちを

図表3-1 保育士が行う子育て支援の特性

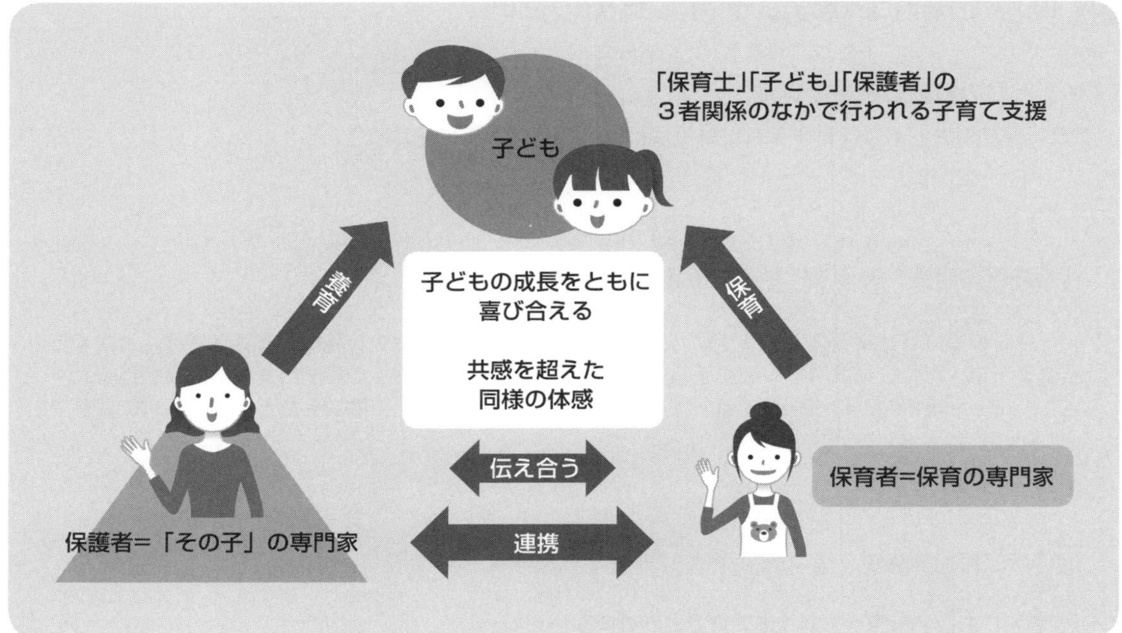

出所：橋本真紀『新プリマーズ／保育　保育相談支援』，シネルヴァ書房，2011，pp.36-37をもとに筆者作成

保護者とともに支え、その喜びを共有することができる（図表３-１)。よって、保育士が子育て支援を行う際には、支援する人（保育士）と支援される人（保護者）という関係ではなく、子どもの育ちをともに支えるパートナーとしての関係を前提とすることが大切である。保護者との対等な関係をベースに、保護者が子育てに関する問題や課題を抱えている場合に、その必要な部分に対して支援を行うことが基本となる。

(2) 関係性を高める支援

保育所保育指針解説には、「子育て支援を行うにあたっては、子どもと保護者の関係、保護者同士の関係、子どもの保護者と地域の関係を把握し、それらの関係性を高めることが保護者の子育てや子どもの成長を支える大きな力になることを念頭に置いて、働きかけることが大切である」と明記されている。

よって、保育士が子育て支援を行う際には、「関係性」にも着目する必要がある。１章の 事例1-1 や 事例1-4 にあるように「親子の関係性」をつなげる・高めることはもちろんであるが、「保護者同士」や「子どもや保護者と地域の関係」に対する視点をもちながら支援を行う。なぜならば、専門職として支援を行う場合には、現在だけではなく、過去や未来にも目を向けて支援をしており、保育士が子育て支援を行う場合も同様である。親子はずっと保育所や保育士とかかわって生活していくわけではない。入所している子どもの保護者であっても、数年後には卒園して、保育所を離れていく。親子が保育所を離れたあとも、地域で自立して生活できるように先を見通した支援を行う必要があるからである。

地域で自立して生活していくためには、保護者同士がつながりをもてるようにすることが大切である。保護者によっては、保育所が他の保護者とかかわる初めての場所となることもある。子どもにとってだけではなく、保護者にとっても新たな関係性を築くことができる場所であるということをふまえて、保護者同士がつながれるよう支援することが求められる。図表3-2の②のように、行事等を行う場合には、保護者が保育所でのわが子の様子を知る機会にするとともに、ほかの子どもや保護者とかかわれる機会になるように内容を検討するといいだろう。

また、保育所は地域のなかにある。忙しく働く保護者や転勤で新たな土地で暮らすことになった家庭の場合、地域についての情報を得にくかったり、地域によっては隣に暮らす人も知らなかったりなど、地域とのつながりが希薄であったり、つながりをもてない（もたない）まま生活している家庭もあ

図表3-2 関係性を高める支援における保育所（保育者）の役割

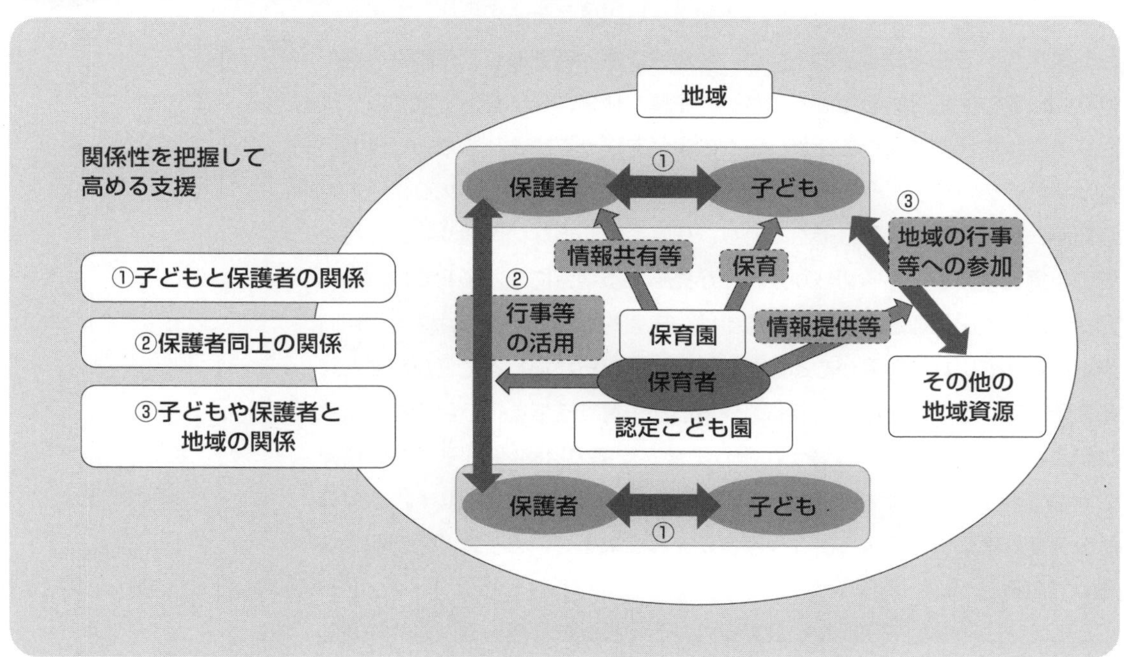

出所：著者（徳永聖子）作成

る。地域とのつながりがなくても日常の生活でとくに困ることはないかもしれないが、地域の人と顔見知りになることで地域の人が子どもを見守ってくれたり、有事の時に助け合えたりなど、地域とのつながりは子育て家庭にとって大事な地域資源の一つになる。地域との関係性を高める支援としては、図表3-2の③にあるように、地域の行事に参加することも一つの方法である。たとえば、保育所では、地域の祭りに参加する園も多いことだろう。子どもたちが地域の祭りに参加し神輿を担いだり、太鼓を披露したりすることをきっかけに、今まで地域の行事に参加したことがなかった保護者が地域のお祭りに参加するようになったり、親子で地域の行事に参加するようになったりすることもある。また、地域の子育て家庭が保育所に遊びに来ていたことで、地域の親子と保育所に入所している子どもが仲よくなり、買い物で会った際に子どもが声をかけ、保護者同士が顔見知りになることもある。この他にも地域に買い物に出かけたり、地域の施設に遊びに行ったりなど、保育のなかで地域の人や施設とともに取り組んでいることが、子どもや保護者と地域をつなぐきっかけになることを理解しておきたい。

保育所が子どもや家庭と地域との関係をつくる契機にもなることを意識することが、子育て支援につながる。

2 保育士が行う子育て支援の対象

保育士が子育て支援を行う目的は本章3-1の1でも述べたが、支援を行う対象についても確認しておきたい。保護者は生活者であり、保護者役割だけを担って生活しているわけではない。家事、仕事、介護等、子育て以外にもさまざまな役割を果たしながら日々の生活を送っている。また、保護者自身が病気であったり、経済的な問題や夫婦間の問題を抱えていたり、一人親家庭等、その背景は人それぞれであり、保育者が知らない問題や課題を抱えている場合もある。不適切なかかわりが見られる場合にも、子育て以外の問題が起因していることがある。保育士は、表面的なことだけではなく、現時点では見えていない背景があることも想定しながらかかわることが必要となる。そして、どのような場合でも、保育者が子育て支援を行う目的を見誤らないことが大切である。保育士が行う子育て支援の目的は、「子どもの最善の利益を尊重する」ためであり、その対象は、本章3-1の1（1）の保育所保育指針解説にあるように「保護者が支援を求めている子育ての問題や課題」である。

たとえば、不適切なかかわりが見られ、その根底に経済的な問題や夫婦関係の問題がある場合、根本的な原因を取り除くことは、保育所や保育士だけの力だけでは難しい。保育士には、子どもを含めた家庭の状況を把握すること、現状のなかで、親子の関係が安定できるような支援を検討することが求められる。そして、保育士や保育所だけで対応できない場合には、他の専門職や専門機関と連携して親子を支えていくことが必要となる。保育士が、子育て以外の問題を対象としようとすると、保育士側が疲弊してバーンアウトしてしまうこともある。自分が支援する対象や支援できる限界を把握しておくことも専門性の一つであることを忘れてはならない。

そして、保育所保育指針解説には、**「保護者が支援を求めている子育ての問題や課題」**とあるが、保護者から相談してくることを対象とするのはもちろんだが、相談がないからといって支援の対象とならないわけではない。保育士は、さまざまな親子とかかわっているからこそ、保護者からの訴えがなくても、さらには、保護者自身が認識していないと思われる場合でも、その家庭に子育ての問題や課題があることに気がつくことがある。「保護者が支援を求めている」の一文の中には、保護者から保育士に支援を求めてくる場合と子どもや保護者、また親子のかかわりの様子などから保育士が支援の必要性に気づく場合の両方が含まれていることを理解しておきたい。

3 保育士の専門性

保育所保育指針第１章：総則１（１）エには、「保育所における保育士は（中略）保育所の役割及び機能が適切に発揮されるように」「倫理観に裏付けられた専門的知識、技術及び判断をもって、子どもを保育をするとともに、子どもの保護者に対する保育に関する指導を行う」と明記されており、倫理観に裏付けられた専門的知識や技術を生かして子育て支援を行うことが、保育所保育士の役割となっている。そして、保育所保育指針解説には、「保育所保育士に求められる主要な知識および技術」として６つの知識および技術（図表３－３）が示されている。

❶～❺は、保育を行う際に基盤となる知識や技術（＝**保育技術**）であるが、子育て支援を行う際にも、これらの知識や技術がもとになることを忘れてはならない。そして、❻「保護者支援に関する知識および技術」も保育士の専門性の一つとして明記されている。

保育技術の❶「発達を援助する知識および技術」は、保育士が支援を行う際にもっとも基本となる知識・技術であり、それ以降の知識・技術すべてに関連してくる。❷～❺は手段的技術であり、状況や場面に応じた判断のもと、❶「発達を援助する知識および技術」をベースに、❷～❺の知識や技術を適切かつ柔軟に用いながら保育を行うとともに、子育て支援を行ってい

保育技術

第１章のp.42にも記されている５つの保育技術である。

図表3-3 保育士の専門性

❶発達を援助する知識および技術	これからの社会に求められる資質を踏まえながら、乳幼児期の子どもの発達に関する専門的知識を基に子どもの育ちを見通し、一人一人の子どもの「発達を援助する知識および技術」
❷生活援助の知識および技術	子どもの発達過程や意欲を踏まえ、子ども自らが生活していく力を細やかに助ける「生活援助の知識および技術」
❸環境構成の知識および技術	保育所内外の空間や様々な設備、遊具、素材等の物的環境、自然環境や人的環境を生かし、「保育の環境を構成していく知識および技術」
❹遊びを展開するための知識および技術	子どもの経験や興味や関心に応じて、様々な「遊びを豊かに展開していくための知識および技術」
❺関係構築の知識および技術	子ども同士の関わりや子どもと保護者の関わりなどを見守り、その気持ちに寄り添いながら適宜必要な援助をしていく「関係構築の知識および技術」
❻保護者支援に関する知識および技術	保護者等への「相談、助言に関する知識および技術」

出所：厚生労働省「保育所保育指針解説」，フレーベール館，p.17をもとに筆者（徳永聖子）作成

る。そして、保育士が子育て支援を行う際には、保育と同様に子どもの最善の利益を尊重することをはじめとした児童福祉の理念に基づき判断することが求められる（本書第１章参照）。

4 保護者支援に関する知識および技術

保育士が子育て支援を行う際には本章３-１の3に記したとおり保育技術を活用して行うが、橋本は、保育士が子育て支援を行う際には、「保育技術をそのまま保護者に活用するのではなく、保育技術の観点から保護者の子育ての状態を把握したり、働きかけたり」[1)]していると述べている。

そして、本書の「１-３　保育相談支援の技術」でも柏女が述べているように、保育士が子育て支援を行う際に保育技術に加えて活用している技術が「**保育相談支援技術**」である。柏女・橋本[2)]らは、保育士が子育て支援を行う際には、上記に紹介した「保育技術」とともに「26の保育相談支援技術」図表１-７を合わせて活用していることを明らかにしている。図表３-４は保育相談支援技術の技術部分だけを筆者が整理したものである。保育相談支援技術は大きく「受信型の技術」と「発信型の技術」に分けられる。

保育相談支援技術

第１章のp.41の図表１-７に保育相談支援技術の累計と定義が示されている。

図表3-4 保育相談支援技術の類型

	情報収集／分析		受容的な技術	
受信型の技術	観察		受容	
	情報収集		傾聴	
	状態の読みとり		共感・同感の体験	
	言語的技術		動作的技術	
発信型の技術	会話の活用	承認	物理的環境の構成	観察の提供
	支持	伝達	行動見本の提示	体験の提供
	気持ちの代弁	解説	直接的援助（保護者）	子どもへの直接的援助
	情報提供	紹介	媒介	
	方法の提案	依頼		
	対応の提示	助言		
方針の検討	協議			

出所：図表1-7「保育相談支援技術の類型化と定義」をもとに筆者（徳永聖子）作成

「受信型の技術」には、「観察」「情報収集」「状態の読みとり」などの保護者の状態を把握する技術と、「受容」「共感・同感の体験」などの保護者の気持ちを受けとめたりする受容的な技術がある。

「発信型の技術」は、保育士から働きかける技術であり、「会話の活用」「支持」「方法の提案」等の言語的技術と、「物理的環境の構成」「行動見本の提示」等の動作的技術がある。

そして、保育相談支援技術のなかには「受容」「傾聴」等、対人援助に共通する技術も含まれている。保護者に対する支援は、子どもではなく大人を対象とすることになるため、第２章に記した「対人援助の基本原理」や「対人援助における基本スキル」を理解したうえで、より意識して支援を行う必要がある。

「保育相談支援技術」は、第１章で柏女が記しているように、保育士のエピソードやインタビューの分析から得られた技術であり、保育所保育士は、これらの技術を保護者との日常のかかわりのなかで活用している。しかし、これらの技術を意識的に活用しているというよりは、意識せずに支援を行っているのではないだろうか。保育士が行う支援は、日常のかかわりを基本とするため、保育においてもその専門性がわかりづらいという特性がある。そのため、日常でのかかわりのなかで、自分自身がどのような技術（専門性）

を活用しているのかを、第１章の演習問題等を活用し可視化することが、専門性を自覚することにつながる。

専門性とは、その専門職が共通して身につけている（身につけていく）技術である。この人だからという匠の技術ではなく、専門職として自覚的に、その専門性を相手の状態や状況に合わせて活用できるようにすることが必要である。

5 子育て支援に活用できる保育所の資源

子育て支援に活用できる保育所の資源として、（1）専門職の存在、（2）子ども集団の存在、（3）子どもの発達に応じた環境があげられる。

（1）専門職の存在

保育所には、保育士以外に看護師や保健師、栄養士等の専門職がいる。一つの施設に複数の専門職がいるというのも保育所の特性の一つである。たとえば、子どもの病気やケガなどに関することや感染症予防等については看護師から、離乳食や子どもの食事に関することについては栄養士から話をしてもらったり、手紙を出してもらったりするなど、各専門職の専門性を生かして支援を行うことができる。

同じ内容を伝えたとしても、誰がどのように伝えたかで、保護者の受け止め方が変わることもある。各専門職の専門性を生かした支援を行えるよう、伝えたい内容や保護者が知りたい内容に応じた支援の方法を検討することが、より適切な支援につながる。

（2）子ども集団の存在

子どもが集団で過ごす保育所では、同年齢の子ども同士の関係もあれば、年上や年下の子ども同士の関係もある。さまざまな年齢の子どもとのかかわりのなかで、子ども自身もいろいろなことを学んでいるが、保護者がさまざまな年齢の子どもの様子を見たり、かかわる機会がもてたりすることも保育所の特性の一つである。

たとえば、２歳児頃の自我が芽生える時期に見られるイヤイヤ期には、同年齢の子どもの同じような様子を見ることで、わが子だけではないことや発達のなかで見られる姿であることがわかり、安心できることもある。また、年上の子どもたちの姿は、一人目の子どもをもつ保護者にとっては、子どもの発達の見通しになる。さらに、年下の子どもの姿を見て、わが子の小さい頃を思い出し愛おしく感じることもあれば、わが子が自分より小さい子どもにかかわっている姿を見て成長を感じるなど、子ども集団の存在が保護者の子ども理解の助けになることも多い。そのことをふまえて、日常の生活や行事等の内容を検討することで、日常の保育や行事等が子育て支援につながることを理解したおきたい。

(3) 子どもの発達に応じた環境

保育所は、水道やトイレなども子どものサイズに合わせて作られている。さらに、発達に応じた机や椅子、食器、用具や玩具などが各年齢に応じて揃えられ、子どもが生活しやすい環境が整えられている。保育所で子どもが生活する姿や遊んでいる姿を保護者が見たり保護者に伝えたりすることが、家庭での子育ての参考になることもある。

たとえば、1歳児が自分でズボンを履く際には、台や椅子に座った方が足を上げやすくズボンに足を通しやすい。そのため、牛乳パックで作った台などを着替えの場所やトイレ前に置いている保育所もある。そこで、着替えをしている様子を見た保護者に、保育士が子どもの様子とともに、台を使用している理由を伝えることで、保護者が家庭でも台を使ってみようと思うかもしれない。また、乳児の保護者が子どもにどのような玩具を与えたらいいのか悩んでいた場合、身近な素材などで簡単に作れる乳児の玩具の作り方を手紙や参観日に紹介することで、家庭でも玩具を作って遊ぶかもしれない。

このように、保育で当たり前のように行っていることを保護者に伝えることが子育て支援につながる。しかし、前述したように、保育所はもともと子どもに合わせて作られている環境であるため、そのすべてが家庭において参考にできるわけではないことも理解しておく必要がある。保育所の生活のなかで、家庭でも活用できることを見極め、伝えることが子育て支援となる。

3-2 保育所を利用している保護者に対する支援（保護者支援）

1 保育と密接に関連して行われる支援

保育所保育指針第４章：子育て支援２（１）には「保育所を利用している保護者に対する子育て支援（以下、「保護者支援」）として、以下のように記されている。

保育所保育指針　第４章：子育て支援

２　保育所を利用している保護者に対する子育て支援

（1）保護者との相互理解

ア　日常の保育に関連した様々な機会を活用し子どもの日々の保育の様子の伝達や収集、保育所保育の意図の説明などを通じて、保護者との相互理解を図るよう努めること。

イ　保育の活動に対する保護者の積極的な参加は、保護者の子育てを自ら実践する力の向上に寄与することから、これを促すこと。

保育所を利用している保護者の場合、保育所は、子どもを預かり保育を行っている。そのため、保育所が行う保護者支援は、保育という日常的・継続的なかかわりのなかで「保育と一体的に保護者に対しても支援を行う」という特性がある。

さらに、保育所保育指針解説には、保護者と保育所保育士が互いに理解し合い、その関係性を深めるための方法として以下のことが記されている。

・保育士等が、保護者の置かれている状況を把握し、思いを受け止めること
・保護者が保育所における保育の意図を理解できるように説明すること
・保護者の疑問や要望には対話を通して誠実に対応すること
・保育士等と保護者の間で子どもに関する情報の交換を細やかに行うこと
・子どもへの愛情や成長を喜ぶ気持ちを伝え合うこと

よって、保護者支援においては、保育所保育の意図を伝えることや保護者

と子どもの様子を伝え合うこと自体が子育て支援になっているといえる。

2 保育相談支援の方法

保育所保育指針にもあるように、保護者との相互理解を図ることが、保護者の支援となるが、まずはその方法について確認する。下記の図表3－5は筆者の保育経験等をもとに、保護者に保育者の意図や子どもの様子を伝える方法を整理したものである。

図表3-5 保育相談支援の方法

（1）個々を対象に行われる支援方法	
・送迎時の対話 ・連絡帳 ・個別の面談、家庭訪問 ・ポートフォリオ　等	・保育士と保護者の情報交換の手段であり信頼関係をつくるうえでも重要な方法である ・個別の子どもの様子を伝え合うため子どもの生活につながりをもたせやすくなり、個々の成長を支えることにつながる
（2）クラス等の集団を対象に行われる支援方法	
・おたより（園、クラス、給食、保健等） ・連絡ボードの活用 ・ドキュメンテーション　等	・保育所の方針や保育者の思い、また保健や給食等、その時期に伝えておくべきことを一度に伝えられる ・集団の遊びや子ども同士の関係性、クラスでの取り組みや成長を伝えることで保護者の子ども理解を助ける
（3）保育や保育所の資源を活用する支援方法	
・行事の参加 ・懇談会 ・保育参観・参加 ・環境を構成する　等	・保護者が観察や体験を通して、学ぶ機会を提供できる ・保護者や他の子どもとのかかわりをつくることができる ・環境を利用し、保護者の気持ちの切り替えや子ども理解につなげることができる

出所：筆者（徳永聖子）作成

（1）個々を対象に行われる支援方法

子育て支援においては、保護者との信頼関係を築いていくことが求められる。信頼関係を築くうえで、もっとも重要となるのが個別的なかかわりであり、子育て支援の基本的な方法となる。

まずは、保護者が見ることのできない、保育中の子どもの様子をていねいに伝えることである。伝えるなかで、わが子のことを、しっかり見てくれていると思えば、保護者は安心し保育士を信頼する。この点が、保護者支援の独自性であるといえる。その他の専門職が子育て支援を行う場合、保護者との対話から始まることが多く、保護者との二者関係のなかで信頼関係を構築していく。しかし、保護者支援の場合には、子どもを媒介にした関係性が前提にある。よって、保育において保護者の信頼を得られているかどうかも大きな影響を与えることになる。

また、送迎時の何気ない会話や日々の連絡帳でのやり取りなど、日常のかかわりのなかで保護者との関係を築くことができるという特性もある。

保育において保護者から信頼を得られており、さらに、日常のかかわりのなかで話ができる関係性があるからこそ、保護者は何かわからないことがあった際や困ったときに、気軽に保育士に相談することができる。

よって、保育や日常のなかでのかかわりをていねいにしていくことが、何よりも重要であるといえる。そして、第２章でも記しているが、保育所保育士は、送迎時の保護者の表情や口調、態度などから保護者の状態を読みとり、保護者との何気ない会話や連絡帳の内容から、支援を行ううえで必要な情報を得たりしている。このように、日々のかかわりのなかで支援を行っていることを自覚し、意図的な情報収集やかかわりを深めることが大切である。

（2）クラス等の集団を対象に行われる支援方法

保育所保育指針にもあるように、保育所の保育の意図を伝えること、さらに、子どもの発達過程に応じて予測できることを事前に伝えたり、３歳以上児になれば友達との関係性も広がるため、個々の姿だけを伝えるのではなく、友達との関係性がわかるように集団での遊びの様子を伝えたりすることが、保護者の子ども理解を促すことにつながる。また、保育中の様子を伝えることが、保護者と子どもの会話のきっかけをつくることにもなる。保護者の子ども理解を促すことや会話のきっかけをつくることは、親子の関係性を高めることにつながる。

継続的な遊びの様子を写真にとり、写真にコメントを添えて掲示するドキュメンテーションは、写真があることで、その場にいない保護者にも様子が伝わりやすく、遊びの展開や遊びのなかで体験していることや学んでいることをコメントで伝えることができる。そのため、子ども同士や保育士同士の理解を深めるツールとしてだけではなく、保護者支援としても活用できるツールである。

このように、個別ではなく、保護者に共通して伝えたい内容の場合には、集団を対象に行う方法を活用するといいだろう。

（3）保育や保育所の資源を活用する支援方法

①行事を活用した子育て支援

保育所では、端午の節句や桃の節句、七五三などの子どもの成長を祝う行事、さらに、七夕や敬老の日、節分などの日本の伝統的な行事、運動会や発表会など、園での子どもの成長を保護者に見てもらう機会としての行事、入園式や卒園式、進級式等成長の節目となる行事など、さまざまな行事を行っている。園によって行事のあり方も異なると思われるが、伝統的な行事のなかには、その土地ならではの行事や祭りなどもあり、その意味を保護者にも伝えたり、一緒に祝う機会をもったりすることが保護者の子育てを支えることにつながるだろう。また、運動会や発表会、卒園式等の行事は、子どもの成長を感じる機会にもなるが、運動会や発表会では、当日の姿を見るだけではなく、それまでの取り組みの過程を伝えていくことで、より成長を伝えることができる。取り組む過程での友達同士の葛藤も子どもたちの成長にとっては大事な経験である。子どもが保育所での葛藤を保護者に伝えることがあるかもしれない、その際に、その背景を知っているかいないかで保護者の対応も変わるであろう。葛藤を通して子どもが成長していることを保護者が理解できるように伝えていくことが、保護者の子ども理解を促すことにつながる。

日々の保育も同様であるが、まずは、保育士同士がなぜ、何のために行事を行うのか共通理解することが必要である。そして、その意図をどのように伝えていくのか、そのためには、どのような行事内容にすればいいのかを改めて考えてみる機会をもつといいのではないだろうか。

②保育所の資源を活用した子育て支援

また、先述したように、保育所には子育て支援に活用できる資源が備わっている。そのため、保育所での生活を見たり、体験したりする保育参加などを行うことが保護者支援になる。保育参加などを行う場合には、日程を限定しすぎると参加できない保護者もいるであろう。保育所保育指針において、保育の活動に対する保護者の積極的な参加を推奨していることからも、園に通っている保護者の状況に合わせて、日程や時間に幅をもたせ柔軟に対応することが望まれる。しかし、保護者によっては、人とのかかわりが苦手な保護者もいる。行事に参加しないことを否定的にとらえたり、その保護者に対して積極的な参加を促すだけではなく、なぜ行事に参加できない（したくない）のかを考え、その保護者の状態や状況に合わせた対応を検討することを忘れないでほしい。保育所は、長い人であれば６年間通うため、継続的なかかわりがもてるという特性がある。今だけではなく、１年ごとに参加できる機会を増やしていく、時には、保護者が参加したいと思えるようになることを待つなど、長期的な視点で支援を行うことができるのは、継続的に通う保育所だからこそできる支援である。

③関係性を高める視点

行事や懇談会は保護者同士がかかわれる機会でもある。日々の生活リズムは家庭によって異なるため、他の保護者と会う機会がもてない保護者もいるであろう。p.88の（2）に記したように、保護者同士の関係性を高めることも子育て支援の目的である。ここで現在行っている行事の内容を振り返ってみてほしい。保護者が、保育士の話を聞くだけ、子どもの姿を見るだけ、わが子とかかわるだけというような内容になってはいないだろうか。保護者同士のかかわりや、わが子以外の子どもとのかかわりがもてる内容になるように行事の内容を保護者支援の視点で見直してみることで、保護者同士の関係を高めることができる。

④環境構成の活用

四季を感じられるように玄関や部屋に季節の物を飾ったり、貸し出し用の絵本のコーナーには、おススメの絵本を紹介したり、ソファを置いてくつろげる空間にしたり、今日読んだ絵本を部屋の入口飾ったりしている園もある。季節の物を飾るなど、落ち着ける空間をつくることで保護者が迎えに来た際にほっとできたり、絵本などの紹介をすることで子どもと保護者の会話のきっかけをつくったりすることができる。保育所への送迎時は、保護者にとっては仕事と家庭の狭間の時間であり、気持ちを切り替える時間でもある。保護者自身がほっとできたり、気持ちを子どもの方に向けられるような環境をつくることも保護者支援の一つであるといえる。

さまざまな支援方法があるが、決して子育て支援のために新たなことを実践しなければいけないというわけではない。これまで、保育のなかで子どものためにと日々行っていることや行事を、保護者支援の視点からとらえなおし、その内容や進め方を検討するだけで十分である。検討する過程で、変えた方がいいことや新たに取り組めることがあれば、実践につなげられるようさらに保育所のなかで検討してほしい。

3 保護者の状況に配慮した個別の支援

保育所保育指針 第4章：子育て支援2（2）には以下のように明記されている。

保育所保育指針　第４章：子育て支援

2　保育所を利用している保護者に対する子育て支援

（2）保護者の状況に配慮した個別の支援

ア　保護者の就労と子育ての両立等を支援するため、保護者の多様化した保育の需要に応じ、病児保育事業など多様な事業を実施する場合には、保護者の状況に配慮するとともに、子どもの福祉が尊重されるよう努め、子どもの生活の連続性を考慮すること。

イ　子どもに障害や発達上の課題が見られる場合には、市町村や関係機関と連携及び協力を図りつつ、保護者に対する個別の支援を行うよう努めること。

ウ　外国籍家庭など、特別な配慮を必要とする家庭の場合には、状況等に応じて個別の支援を行うよう努めること。

（ひとり親家庭、貧困家庭、多胎児、低出生体重児、慢性疾患のある子どもを養育している家庭等）

働き方も多様になり、保育所では延長保育や休日保育を実施したり、朝や夕方に補食を提供したり、保育所内で病後児保育を実施したりなど、保護者を支援する体制を各園で整えていると思われる。さまざまな取り組みをするに当たっては、家庭での生活への影響もふまえて、保護者とも連携をとりながら行う必要がある。そして、日中とは異なる環境で過ごすことになる場合には、子どもの状態について保育士同士でしっかりと情報共有を行い、子どもの状態に合わせた対応ができるよう配慮しなければならない。

保護者を支えるさまざまな支援が実施されるのは素晴らしいことではあるが、さまざまなことを保護者に代わって取り組むことだけが支援ではないため、保育士は、保護者の思いと子どもの思いの狭間で葛藤を抱えることがある。「子どもの最善の利益」や「保護者の養育力の向上」ということを考えた際に、何をどこまで保育所や保育士が担うのかは、園内でよく話し合う必要がある。そして、保育も同様であるが、支援とは一律的に行うものではなく、個別的に支援する必要があることも理解しておく必要がある。個々の保育士の葛藤を理解しつつ、なぜ何のために現在実施している支援が必要なのかを、保育士同士が共通理解できるようにすることが大切である。

（1）子どもに障害や発達上の課題が見られる場合

保育士が、よく使う言葉の一つに「気になる子」という言葉がある。保育士は多くの子どもたちと日々かかわっているため、発達に遅れがありそうなことに、保護者よりも先に気がつく場合がある。しかし、保育士は発達的な課題について診断ができないことをまずは確認しておく。

よって、発達的な課題が疑われた場合でも、保護者に受診を一方的に勧めたり、専門機関の利用を強制したりするなど、保護者に障害受容を迫ることがないように気をつける必要がある。障害を受容するにあたっては、保護者自身の葛藤や家族の理解など、さまざまなことが影響する。受診や専門機関の利用については、保護者の自己決定を尊重する姿勢が必要である。

発達的な課題が疑われた場合には、その子がどんなときに困っているのか、どのようなときに支援を必要としているのかなど、まずは子どもの様子をよく観察し、その子が過ごしやすいように、保育所でのかかわりや環境を変えるなど、まずは保育所でできることを検討する必要がある。そのうえで、自治体が行っている巡回相談を活用し、担当している保健師や心理士等に子どもの様子を見てもらい、保護者にどのように伝えた方がいいのかなどについても相談するという方法もある。

そして、保護者との日頃のかかわりを大事にし、保護者から“困っている”ことを引き出せるような関係性を構築していくことが大切である。もちろん、日々の保護者とのかかわりのなかで、園で見られる気になる子どもの姿について具体的な行動として伝えることもある。その際には、家庭と園では環境が異なるため、園で認識した課題が、家庭でも課題になっているとは限らないことを理解しておく必要がある。そして、子どもの姿に対する保育士の気づきや思いも伝えることが必要である。また、気になる姿については、できる限り口頭で保護者の様子にも配慮しながら伝える必要がある。保護者に時間や気持ちの余裕がないときに伝えると、保育士との関係に影響してしまうおそれもある。保護者が落ち着いて話せる状態のときに、保育所での様子を伝えるとともに、家庭での様子や対応をていねいに聞きとり、情報交換をしながら一緒に考えていく機会を積み重ねていくことが大切である。そのなかで、困っていることを保護者が伝えてくれたときに専門機関を紹介すると、専門的な機関にもつなげやすいだろう。

子どものためには、早く療育機関につなげた方がいいという考えもあるが、ほかの専門機関に通うためには、保護者の理解が必要となる。利用を急かしすぎることが逆効果になることもあるため、保護者の気持ちや状態に寄り添った支援を心がけることが大切である。

（2）外国籍家庭など、特別な配慮を必要とする家庭の場合

保護者が外国籍の場合、入園する前に保護者の言葉の理解度を確認してお

く必要がある。会話はできるが文字は読めない、平仮名はわかるが漢字は読めない、また、読むことはできるが書くことはできないなど、言葉の理解度は人によって異なる。保護者の言葉の理解度に合わせて、手紙にフリガナをふる、連絡帳等は短い文章でひらがなで書く、イラストを用いて伝えるなどの配慮をする必要がある。和田上らの外国にルーツをもつ子どもの保育に関する研究によると、保育士は外国籍の保護者とのかかわりにおいて「コミュニケーションの方法や相手の文化、習慣、宗教に対して配慮する必要がある」「当たり前と保育士が認識していることが外国では当たり前ではないことがあるため、親のルーツとなる国の文化等について学び、尊重することは重要なこと」であると認識していることが明らかになっている[3)]。このことから、言葉だけではなく、文化や宗教についての理解も必要であることがわかる。また、言葉の問題については、行政が通訳を紹介してくれる地域もある。また、国際交流協会でも通訳の派遣などを行っているので、自分の保育所がある地域の資源を調べてみるといいだろう。具体的な支援の実際については、第４章２ 3 に記す。

さらに、個別的な支援が必要な家庭として、保育所保育指針解説には、ひとり親家庭、貧困家庭、多胎児、低出生体重児、慢性疾患のある子どもを養育している家庭などがあげられている。まずは、その家庭の状況を把握したうえで、必要に応じて他機関と連携し支援していくことが求められる。他機関と連携した支援の実際については、第４・５章で詳しく説明する。

3-3 地域の子育て家庭に対する支援（地域における子育て支援）

児童福祉法第48条の４には、「保育所は、当該保育所が主として利用される地域の住民に対してその行う保育に関し情報の提供を行い、並びにその行う**保育に支障がない限りにおいて、**乳児、幼児等の保育に関する相談に応じ、及び助言を行うよう努めなければならない」と明記されている。

保育所保育指針には、保育所の役割として、「保育所は、入所する子どもを保育するとともに、家庭や地域の様々な社会資源との連携を図りながら、入所する子どもの保護者に対する支援及び**地域の子育て家庭に対する支援を行う**」と明記されている。そして、第４章子育て支援３には、以下のように明記されている。

保育所保育指針　第４章：子育て支援

３　地域の保護者等に対する子育て支援

（１）地域に開かれた子育て支援

ア　保育所は、児童福祉法第48条の４に規定に基づき、その行う**保育に支障がない限りにおいて、地域の実情や当該保育所の体制等を踏まえ**、地域の保護者等に対して、保育所保育の専門性を生かした子育て支援を積極的に行うよう努めること。

イ　地域の子どもに対する一時預かり事業などの活動を行う際には、一人一人の子どもの心身の状態などを考慮するとともに、日常の保育との関連に配慮するなど、柔軟に活動を展開できるようにすること。

（２）地域の関係機関等との連携

ア　市町村の支援を得て、地域の関係機関等との積極的な連携及び協働を図るとともに、子育て支援に関する地域の人材と積極的に連携を図るように努めること。

イ　地域の要保護児童への対応など、地域の子どもを巡る諸課題に対し、要保護児童対策地域協議会など関係機関等と連携及び協力して取り組むよう努めること。

上記の内容から、保育所には、地域における子育て支援を行うことが努力義務として位置づけられているといえる。地域における子育て支援は、電話や来訪での相談はもちろんのこと、情報提供や園庭開放、子どもを日中一時的に預かる一時保育、子育てサークル等の保護者の自主的な活動に対する支援などがある。どのような支援を行うかは、地域の実情や当該保育所の体制をふまえとなっているので、各保育所で保育に支障がない範囲でできることを検討すればいいということになる。

なお、「就学前の子どもに関する教育、保育等の総合的な提供の推進に関する法律」第3条2の3には、「子育て支援事業のうち、当該施設の所在する地域における教育及び保育に対する需要に照らし当該地域において実施することが必要と認められるものを、保護者の要請に応じ適切に提供し得る体制の下で行うこと」と規定されている。よって、認定こども園においては、地域における子育て支援は義務であり、必ず実施しなければならない事業となっている。そして、地域や保護者の実情に応じて支援内容を検討することが求められている。

1 地域における子育て支援に取り組むために

保育所においては、地域における子育て支援は努力義務であり、必ず実施しなければならないことではないが、地域の中にある保育所の役割として、地域の子育て家庭を支援する姿勢はもちたいものである。では、実際にどのような取り組みができるかについては、下記に例示する。

・保育所機能の開放（施設および設備の開放、体験保育等）
・子育て等に関する相談や助言（電話・面談等）
・子育て家庭の交流の場の提供および促進
・地域の子育て支援に関する情報提供（掲示・お便り・HP等）
・公園等での近隣の親子とのかかわり
・一時保育
・子育てサークル等保護者の自主的な活動に対する支援

保育所が地域における子育てる支援に取り組むにあたり、まずは、保育所のある地域に①どのような親子が暮らしているのか、②どのような子どもや子育てに関する資源があるのかを知ることが必要である。地域の親子について知ることは、親子のニーズを把握することにもつながり、親子の状態や状況に合わせた支援を検討することができる。また、ほかに子育て支援を実施しているところがある場合、同じような内容にならないように検討することで、地域の親子が利用できる（したい）支援を選択できるようになる。地域のなかに幅広い支援があることが大切である。

さらに、上記の例示をもとに、保育所の立地や広さ、現在の人材等を考慮して、③保育所で取り組める内容を考えることである。その際には、各保育所や専門職の強みを生かして実施できることを検討してもいいだろう。無理に取り組もうとすると、保育者が疲弊してしまい、保育に支障が出ることもある。園の規模や人員配置、立地等によって、できることとできないことがあって当然である。保育者の負担にならないように、無理のない範囲で継続的に取り組める内容を考えることが大切である。

2 支援者の役割

地域における子育て支援は、保育所を利用している保護者と違い、継続的に利用することが保障されているわけではない。親子が居心地のいい場所をつくらなければ、一度利用しても、その後利用しなくなってしまう可能性がある。そのため、親子が安心して利用でき、居心地のいい環境をつくることを重視する必要があるだろう。地域における子育て支援を実施するにあたって参考にできるのが『地域子育て支援拠点ガイドライン』である。そこには、地域子育て支援拠点の支援者の役割として、「①温かく迎え入れる」「②身近な相談相手であること」「③利用者同士をつなぐ」「④利用者と地域をつなぐ」「⑤支援者が積極的に地域に出向く」の５つの役割が明示されている[4)]。

上記の②～④は、本章３-１や３-２に記した、保育所の特性を生かした支援や保育所を利用している保護者に対する支援にも共通している事項であると思われる。⑤は地域子育て支援拠点だからこその役割でもあるが、保育所によっては、地域の公民館で実施している子育て支援に保育士を派遣したり、土日に近隣の公園で地域の子育て家庭を対象としたイベントを行ったりするなど、地域に出向いた支援を実施している園もあるだろう。しかし、保育所の人材などにより、保育所以外での支援を担える園は限られるのではないかと思う。まずは、保育所の資源を活用した支援を検討してみることから始めるといいのではないだろうか。

地域における子育て支援を実施する上で何よりも重視すべきことが、「**①温かく迎え入れる**」ことである。そのためには、まず「場を作る」ことが必要である。

初めて保育所にくる場合、まずは保育所がどこにあるのか、車や自転車は止められるのかなどの細かい情報がわかることで、利用してみようという思いにつながる。そのため、駅からの道順をわかりやすく記しておく、駐車場に限りがある場合には、近隣のパーキングの情報を案内するなどの配慮が必要である。また、近年は防犯上の理由から、門を施錠している園がほとんどである。いろいろな保育所を訪れている筆者であっても、初めての園に行った場合には、どこからどうやって入ればいいのか悩むことがある。地域における子育て支援を行う日には、一定時間は門の付近に誰かいるようにする、保護者がわかりやすいような表示をするなどの配慮が必要である。そのほかにも、ベビーカーや荷物の置き場所、トイレなどの位置、受付の仕方など、初めて利用する親子の気持ちを考えた環境をつくる必要がある。しかし、その際には、保育士だけが対応するのではなく、何度も利用している保護者に初めて利用する親子に説明してもらうなどの方法も考えられる。地域における子育て支援を担当する保育士が一人しかいない場合も多いと思われるので、保護者と一緒に居心地のいい環境をつくっていくという視点をもつことも大切なことである。

そして、地域における子育て支援においても、子育て支援の目的や対象、保育所の特性を生かして支援することは変わらない。保育士の専門性の一つに環境構成の知識や技術があるが、子どもが遊び込める場は、保護者も安心できる場になり、保護者同士もかかわりをもちやすい。発達に応じて遊べる環境や子どもが自分で玩具などを出し入れができる環境、いろいろな人とのかかわりが生まれる環境など、子どもが「楽しかった」「また遊びたい」と思える環境を構成することが次の利用にもつながる。反対に、遊具の数が少なかったり、ルールが多かったり、子どもが自由に玩具を出し入れできないと、保護者が子どもの様子を常に注意深くみていなければならず、遊びが独立的でかかわりがもちにくい環境となり、子どもにとっても保護者にとっても居心地のいい場にならず、その後利用しなくなってしまう可能性がある。

地域における子育て支援の場合には、温かく迎えてもらった、居心地のいい場だと感じられるような環境やかかわりを行うことが何よりも大切である。担当の保育士だけではなく、保育所全体の雰囲気を感じとるため、担当の保育士以外のかかわりも重要であることを、全職員が理解しておく必要がある。

3 プログラムの活用について

地域における子育て支援において、よくある質問がプログラムの活用についてである。地域における子育て支援においては、対象や活動内容を決めて実施する場合と、場だけを用意して自由に過ごすことを重視する場合がある。保育所によっても、その取り組み方は異なるが、どちらがいいというわけではない。たとえば、利用するきっかけをつくりたい場合には、対象年齢等を決めた**プログラム**を実施する。利用者が主体的に過ごせるようにしたい場合には、**ノンプログラム**で開催するなど、利用者や地域の状況、目的に応じてプログラムを設定するかしないかを検討する必要がある。

さらに、利用している保護者の特技（たとえば：親子でできるヨガ、手づ

図表3-6 地域における子育て支援の方法と利点

	【プログラム】	【ノンプログラム】
方　法	日時や対象、活動内容等を決めて行う（対象を限定する場合の例：年齢、親の年代、多胎児、障害のある子ども、ひとり親家庭　等）	活動内容や対象は決めない 好きな時間に自由に利用できるようにする
利　点	・対象や活動が決められているため、初回の人の利用を促しやすい ・対象者の限定により、ほかの親子との交流促進につながる ・活動の流れがあるので、参加しやすい ・わが子の年齢（発達）に応じた遊びを知ることができる	・家庭の生活リズムに合わせ、好きな時間に利用できる（何時までに行かなければという負担感が少ない） ・子どもが主体的に遊ぶことができる ・ほかの子どもや保護者と関わる時間が増える ・ほかの親子の日常的なやりとりや遊び方を見て学ぶことができる ・会話のなかで気軽に相談できる

出所：高山静子『子育て支援環境作り』，エイデル研究所，2018，pp.20-23をもとに筆者（徳永聖子）作成

くり玩具や通園バックづくり、フラワーアレンジメント、演奏会、英語で遊ぶなど）を生かしてプログラムを実施することで、より利用者の主体的な活動を促せる場合もある。活動内容が保護者対象の場合には、活動中に子どもはどうするのかを考える必要がある。園の体制によっては保育士だけで子どもを預かるのは難しいであろう。よって同じ内容を数回行い、参加する保護者が交替で子どもを見るなど、保育士だけではなく、保護者自身が活動の主体となれるような方法を一緒に考えることも必要となる。

地域における子育て支援の場合には、保護者の主体的な参加を促すことが、保護者同士の関係性を高めることにもつながるため、保育者がやってあげること、解決することが中心の支援にならないようにしたい。保育士の役割は、親子が主体的に過ごせるように、さらには、保護者同士の関係性を高め、地域のなかで支え合える関係を保護者同士が構築できるようにサポートすることである。

地域における子育て支援を実施する際には、「**親子が安心できる場**」「**子どもや保護者がつながれる場**」さらに、「**親子が力を発揮できる場**」となるようにしたい。

＜引用文献＞

1）橋本真紀「第３章保育相談支援の展開」，柏女霊峰・橋本真紀編『保育相談支援』，ミネルヴァ書房，2011，p.54

2）柏女霊峰ほか「表４－１　本研究における保育指導技術の定義」『保育指導技術の体系化に関する研究』，子ども未来財団，2009，p.79

3）和田上貴昭・乙訓稔・松田典子他著「外国にルーツをもつ子どもの保育に関する研究」『保育科学研究』第 8 巻，日本保育協会，2017，p.16-23

4）金山美和子「ガイドラインの解説」渡辺顕一郎・橋本真紀編著『詳解 地域子育て支援拠点ガイドラインの手引き（第 2 版）― 子どもの家庭福祉の制度・実践をふまえて ―』，中央法規，2015，pp.93-97

＜参考文献＞

1）柏女霊峰監修・編著『保護者支援スキルアップ講座 保育者の専門性を生かした保護者支援 ― 保育相談支援（保育指導）の実際 ―』，ひかりのくに，2010

2）高山静子『環境構成の理論と実践 ― 保育の専門性に基づいて ―』，エイデル研究所，2014

演習❶ 保護者支援の目的に応じた資源の活用方法を考える

【ねらい】

- 保護者支援につながる保育所の資源を理解する。
- 保護者支援の目的に応じた資源の活用方法を考える。

【準備物】

- 保育所で保護者支援に活用している資源やその写真（1名3 ～ 4つ）
  例）おたより・環境の写真・掲示物等
- ふせん、フェルトペン、模造紙、振り返りシート①

【演習の流れ】

❶ 持参した物（おたより、環境の写真等）に対する保育者の思いや意図をふせんに簡潔に記入する。

❷ 4～5名のグループになる。進行役を決める。

❸ 各自が順番に持参した保護者支援に活用できる保育所の資源や写真とともにふせんを提示し、順番に保育者の思いや保護者の反応を伝え、ふせんを模造紙に貼る。
※同じような内容を記入している場合には、近くに貼る。

❹ ふせんを見直し、同じようなものをまとめて囲み、項目をつける（目的）。

❺ 持参した資源や写真を参考にしながら、項目（目的）ごとにポイントや留意点を書き加える。

❻ グループワークでまとめたものをもとに、各自で振り返りシート①を記入する。
a 保護者支援の目的を記入する
b 目的に応じて活用できる自園の資源を記入する
c 保護者支援を行う際や資源を活用する際のポイントや留意点を記入する

❼ ほかのグループの人と共有する。
・グループごとに発表したり、2グループで発表し合ったりする
・模造紙は壁に貼り自由に見られるようにする

振り返りシート① 保護者支援の目的と活用できる自園の資源

グループワークでまとめたことをもとに記入し、整理しましょう。

保育者支援の目的	活用できる資源	ポイントや留意点

演習❷ 自園で取り組める地域における子育て支援を考える

【ねらい】

- 地域における子育て支援を担う際の保育所の資源を確認する。
- 自分の保育所で実施可能な地域における子育て支援を検討する。

【準備物】

- 振り返りシート②、③

【演習の流れ】

❶ 自園において「地域における子育て支援」で活用できそうな場所や物、人材を振り返りシート②に記入する。

❷ 2～3人のグループで振り返りシート②に記入したことを共有する。

❸ ❷で共有したことをもとに自園で取り組める（取り組みたい）「地域における子育て支援」を具体的に考え、振り返りシート③に記入する（週1回や月1回でも、できる可能性があることは記入する）。

振り返りシート② 地域における子育て支援に活用できる自園の資源

地域における子育て支援を行える場所や物、人材を記入しましょう。時間・期限が限定される場合は、そのことも記入しましょう。

場所や物	人　材

振り返りシート③ 自園で取り組める地域における子育て支援

共有したいことをもとに自園で行える地域における子育て支援について、具体的に考えてみましょう。

具体的な支援	必要な資源 （場・人・物 等）	配慮すべき事項等

第 4 章

保育所における
ソーシャルワーク

第１節：保育所における子育て支援での連携や体制づくりの重要性を理解する。保育のなかで行うソーシャルワークの展開過程について理解し、支援の計画について考える。

第２節：保育所を利用するさまざまな家庭に配慮した支援のあり方について理解する。さまざまな家庭の状況に応じた資源の活用方法を理解し、実際の対応について考える。

4-1

保育所内の体制構築

【考えてみましょう】

あなたが勤めている保育所のなかでは子育て支援を行う際に、どのような支援の体制をとっていますか?

1 専門職および関係機関との連携の必要性

保育士が支援を行う子育て家庭は現在さまざまなニーズを抱えており、また多様な形態が見られる。そのような家庭へ支援を行う際には、保育所保育士だけでは対応できないこともある。保育士は保育所の機能や専門性を十分に理解したうえで、子育て支援を行っていくことが必要である。自らが果たす役割をしっかりと認識したうえで、保育士や保育所だけで問題を解決しようとするのではなく、地域にあるさまざまな専門職や関係機関などの社会資源を活用することを意識して支援を行うことが求められる。

保育士は保育の専門的知識を生かした支援を行うことができる。しかし、保育士だけでは対応できないこともあるだろう。支援を実施するなかで、保育士は必要であればほかの専門職や関係機関と連携をとりながら支援を実施していく。連携する関係機関に関しては本書第2章のp.69「2-3 社会資源の理解」において解説がされているが、さまざまな機関がある。連携をとっていく専門職は各関係機関に配置されている職種であり、さまざまな悩みや事情を抱える家庭が増えるなかで、各家庭に合わせて対応できる専門職が保育所や保育士とは異なる視点や技術をもち、支援を検討・実施している。多職種が連携して対応していくことで、複雑な問題を解決に導いていく支援を実施することができる。

2 保育所内の体制構築

保育所保育指針第４章１(２)のアでは、「保護者に対する子育て支援における地域の関係機関等との連携及び協働を図り、保育所全体の体制構築に努めること」とされている。次に述べるような支援の過程に対して保育士一人で対応するのではなく、主に直接的に支援を行う保育士の他に園長をはじめ、主任や他の保育士と情報を共有しながら組織的に対応していくことが求められる。事例の検討や支援計画の作成、子どもや保護者への対応、他機関との連携・情報共有等それぞれの対応に関して体制をつくっておくことが重要である。体制が整えられていることによって、担当保育士だけしか対応ができないということを防ぎ、他機関との連携をもちながら複雑な問題にも対応していくことができる。

保育所内においての体制づくりは、今述べてきたように園長をはじめ、主任や他の保育士との体制をつくることがあげられる。しかし、そのほかにも保育所には看護師や栄養士等の専門職も置かれている。問題によっては、それぞれの専門性を発揮できるように保育所内の職員間で連携をとりながら、チームをつくり対応することができる。ほかにも自分のクラスの保育士だけではなく、他のクラスの保育士と連携をとりながら対応することも可能である。

また、保育所内での連携ということで考えれば、職員だけではなく、保護者との関係性も重要である。保護者はわが子に行われている保育を見る立場に立っているため、保育士と同じ視点で子どもを見ることは難しいかもしれないが、保育士と保護者はともに子どもを育てる点では同じである。保育士は保護者に寄り添い、子どもの成長の喜びや可愛らしさを共有することができる。子どものための、子どもの最善の利益を考えた保育を行うということにおいては保護者も同じ視点をもつことができる。子どもの育ちに関して保育所では一人ひとりの子どもにどのような子どもに育ってほしいか、何を大切にしてほしいと考えているのかを日頃の保育や行事などを通して知ってもらい、保護者との連携を図っていく。

ワーク❶ 保育所内の体制について考える

まわりの人と自分の保育所での体制について共有してみましょう。また、どのような支援の体制づくりをすると良いか一緒に考えてみましょう。

3 保育所内における支援の過程

本書第２章のp.65「3 ソーシャルワークの展開過程」において一連のソーシャルワークの展開過程について学んできた。この節では、保育所が行う保護者に対する相談支援に関してソーシャルワークの展開過程に当てはめ、保育所が行う相談支援の展開について具体的な事例を用いて学んでいく。

これまで見てきたとおり、ソーシャルワークの展開過程はインテーク→アセスメント→プランニング→インターベンション→モニタリング→エバリュエーション→ターミネーションという流れになっている。通常、ソーシャルワークでは何か困難な状況を抱えた相談者が来訪することで、問題（課題）について知り、解決を図っていく。しかし、保育の場面では、保護者からも問題（課題）の相談はあるであろうが、多くの場合には保育のなかや保護者との送迎時のやりとりのなかで発見される。それに保育士が気がつき、保護者と共有するというような場面が想定される。以下、実際に保育所でのケースにソーシャルワークの展開過程を当てはめていく。

（1）支援の開始（インテーク）

事例4-1 インテーク

保育所に通っている５歳児の女児A子は保育所の生活のなかで最近落ち着かない様子が多く見られる。友達と一緒に遊ぶことも多かったが、時折イライラした様子で友達とトラブルになることが増えている。その一方で、静かに一人で遊ぶ姿をよく目にするようになった。気になった担当保育士はA子に声をかけて一緒に遊ぼうと誘ったり、注意深くA子の様子を観察したりするようにしていた。母親が送迎に来た際に担当保育士はA子の保育所での最近の様子を伝えた。すると母親が「そうなんですか。自宅ではいつもと変わらない様子だったので、気づかなかった」と話した。担当保育士は母親にA子の周りで何か変わったことがないかと尋ねてみた。母親は「もしかしたら近々再婚をすることになるかもしれないので、そのことが影響しているのかもしれない」と答えた。

ソーシャルワークの展開過程でも述べているように、通常は受理面接とよばれている。保育のなかでは面談をもって行うというよりは、日常の保育や保護者とのやりとりのなかで開始されていることが多い。それは「2-2　対人援助における基本的スキル」（本書p.62）「3-2　保育所を利用している保護者に対する支援」（本書p.96）でも述べているが、日ごろの保護者とのかかわりや信頼関係が重要となる。保育者が保護者から悩みや問題を打ち明けられるような関係性であることが根幹となる。そのうえで、相談にのること、あるいは保育の場面で気になっていることを共有することができる。その際に保護者に無理やりに問題について認めさせたり、解決するように迫ったりするのではなく、ともに解決していこうとする姿勢を見せることや、保護者側に解決したいという気持ちがあるのかも確認していくことが重要である。

今回の事例では、保育士側から気になる点について保護者と共有を行っている。

(2) 事前評価・情報収集（アセスメント）

事例4-2　アセスメント

担当保育士は母親からの話について、もう少し詳しい状況が知りたいと考え、母親にA子の様子も気になるので、「もう少し詳しくお話をうかがうことはできますか？」と伝えた。後日、早めに送迎に来た母親にできる範囲でかまわないので、今どのような状況であるのかを尋ねてみた。A子は最近再婚相手となる人物と一緒に過ごすことが多くなったこと、再婚相手にはA子より年上の男児がおり、今後兄となる予定のC男とのかかわりに戸惑っている様子が見られることが母親から話された。また、母親は恥ずかしさもあるだろうと考えており、時間をかけて仲良くなればよいと思っているようで、近々一緒に生活をすること、再婚することも考えていることを話してくれた。母親はA子と一緒に生活しているが、保育所で見られるようなA子の様子は見られず、いつもと変わりがなかったので、保育所でのA子の様子はまったくわからなかった。

ソーシャルワークの展開過程でも述べられているように、ここでは子どもや保護者、家庭などの情報を収集し、あくまでも客観的にどのようなことに困っていて、どのような援助が必要と考えられるのかということを見立てていく。子どもや保護者だけではなく、その人たちを取り巻く環境についても確認しておくことが重要である。まわりにどれくらい助けてくれる人たちがいるのか、仕事はどうなのか、使える社会資源がどのくらいあるのかなどの情報を収集する。

今回の事例では、今現在のA子と母親の状況を知り、再婚相手との関係性や状況、A子とのかかわりについて知ることができている。

(3) 支援計画の作成(プランニング)

事例4-3 プランニング

母親から話を聞いた担当保育士は、A子に声をかけて一緒に過ごす時間を意識的に多くとるようにすることにした。担当保育士は母親に対し、もしかしたらA子が新しい生活に何か感じていて不安に思っている部分があるのかもしれないと伝えた。今後、A子に対して家庭でも様子をうかがってもらいながら保育所でもA子の気持ちに寄り添い、思いを汲みとり、母親と共有していきたい旨を話した。母親は自分でも少し気をつけてA子の様子を見るようにすると話し、担当保育士には保育所での対応を頼んだ。

支援計画の作成過程では、アセスメントで集めた情報をもとに、相談者の問題を解決するためにどうしたらいいか考え、支援の計画を立てていく。プランニングで立てる計画は基本的には短期間ですぐに達成できる目標と問題を解決するためにめざす長期的な目標がある。しかし、保育所内で支援計画を立てる際には長期・短期という部分ではなく、目標達成のための具体的な支援の内容とそれを誰が担当するのかなど、問題や課題を達成するために何をするべきなのかということに着目して計画を立てる。計画を立てる際には保育所内で共有することが重要である。園長をはじめ、主任やそのほかの担当保育士とにも共有してこの計画に対してさまざまな角度から検討し、調整しながら計画を立てていく。立てた計画は保護者にも提示し、その支援に取り組むことに賛成かどうかを確認してから実施する。

今回の事例では、具体的な支援計画を立てるということは行っていない。しかし、どのように今後A子に対してかかわっていくのか、その支援の方向性は母親に伝えている。母親も自分が行う対応と保育士には保育所での対応を頼んでいることから両者で支援を行うという意志が表れており、双方で支援に取り組むことが確認されているといえる。

(4) 支援の実施(インターベンション)

事例4-4 インターベンション

担当保育士はA子の母親に話したように、A子に声をかけて一緒に過ごす時間を意識して多くとるようにしてみた。A子と一緒にお店屋さんごっこをしていたときのことである。A子は「前にね、ママと新しいパパと一緒にお買い物に行ったの」と初めて新しい父親のことを話してくれた。そこで担当保育士は「何を買いに行ったの?」と聞くと「あのね、新しいお家でいるものだよ。そのときにね、A子のお洋服も買ってくれたんだよ」と話し始めた。

担当保育士:「そっか。新しいお洋服良いね。新しいパパが買ってくれたの?」

A子:「うん。そう」

担当保育士:「そうなんだね。新しいパパは優しい?」

A子:「……うん。優しいよ。でもね、新しいお家はあんまり行きたくないな。本当はママと一緒だけがいい」

担当保育士:「そうなんだ。A子ちゃんはママとだけ一緒にいたいんだね」

A子:「うん」

担当保育士は今日の出来事をA子の母親に伝えた。A子の母親は「そうだったんですね。新しい家に行きたくないなんて聞いたことがなかったんです」と驚いた様子であった。A子の母親は「もう少し時間をかけてみます。A子との時間を私も大切にしながら、新しく父親となる彼や彼の子どもともかかわる時間を増やしていきます」と話した。

ここでは実際に立てた支援計画に基づいて支援を実施する段階である。今回の事例では、保育士が直接支援を行う形をとっている。保育士がA子への意識的なかかわりの時間を確保するという支援を実施している。

このように、保育士が直接的に支援を行う場合もあるが、専門機関で支援が行われる場合は、保育士はそこで行われている支援の内容を把握し、保育所で行える支援を実施することや支援の方針に基づいて保育のなかで個々の状態・状況に応じた支援を行うことが求められる。

(5) 経過観察(モニタリング)

事例4-5 モニタリング

その後、しばらくはA子の様子を担当保育士は注意深く見守っていた。少しずつA子の様子も落ち着いてきて、友達とも仲良く遊ぶ姿が見られるようになってきた。A子の母親からもA子と過ごす時間を意識してもつように心がけていることや、新しい父親と一緒に出かける機会を増やし、一緒に過ごす時間を多くしていったことなどの報告を受けた。今後もA子の様子は気にかけてみていくつもりであると担当保育士は母親に伝えた。

支援計画に基づいた支援を実施し、子どもや保護者にどの程度の効果があったのかを観察し、支援が適切であったかを確認する。もし、効果が見られず、支援方針を変更したり方法を変更したりする場合はアセスメントを再度行い、支援計画を立て直す。

今回の事例ではA子の様子に変化が見られたため、支援に効果があったと判断できる。

(6) 事後評価(エバリュエーション)

事例4-6 エバリュエーション

最初にA子の母親と話をし、担任保育士が支援をしながら見守りはじめてからおよそ3か月後の様子である。A子は以前と同じように落ち着いて生活している。保育所の生活のなかでときどき新しい父親についての話題も出てくるようになり、一緒に過ごす時間が増えたことで少しずつ慣れてきたようである。A子の母親もA子について再婚相手と話をし、再婚に向けてはA子の様子を見ながら準備を進めていくことにしたそうである。

事後評価では「支援計画に基づいて行われた援助が適切であったかどうか、困難が解決あるいは緩和されたか、他の問題状況が生じていないかなどを検討する」(2章のp.66の「(6) エバリュエーション(事後評価)」)とされている。今回の事例のように、A子に対して支援計画で検討したとおりに支援を行った結果、生活が安定したことがうかがえたため、支援の結果としては目標を達成することができたといえる。もし、この段階で目標が達成されていない、あまり支援の効果が見られないという場合はp.119の「(2) 事前評価・情報収集(アセスメント)」に戻り、もう一度情報収集を行い、支援計画を立て直すことが必要となる。

(7) 終結（ターミネーション）

事例4-7 ターミネーション

担当保育士はA子の様子や母親の話から、今後、A子について何か気になることがあれば、また母親に伝えることを話した。もし、A子に関して何か困ったり、相談したいことがあればいつでも話を聴くことも伝えた。

エバリュエーションにおいて、もう支援の必要性がないと判断された場合には支援の終結となる。支援が終結しても保育所は見守りの体制を続けることが必要となる。また、保護者にはいつでも相談できることを伝え、何か起きた際にスムーズに支援につなげられるような体制を整えておく必要がある。

今回の事例では、これ以上の支援を行う必要性がないと判断された。今後何かあれば対応することを保護者に伝え、終了している。

ターミネーションは支援が必要なくなった場合となるが、時には保育所を転園するなど、支援を終結せざるを得ない状況もある。その際には次の保育所等や関連する機関と連携をとり、支援につないでいく。

これまで見てきたように保育所を利用している保護者に対する支援においてもソーシャルワークの展開過程の流れを確認することができる。虐待の事例や気になる子どもへの対応など、さまざまな場面においてもこの展開過程にそって支援を実施していく。とくに、アセスメントで集められる情報によっては支援計画が大きく変わっていく。多くの情報をどれだけ集められるかが重要となる。日ごろの保育のなかにおいて、子どもとのかかわり、保護者とのかかわりがアセスメントに大きな影響をおよぼすといえる。

→演習❶に取り組んでみましょう。

4-2 家庭の状況に配慮した個別支援の実際

現代の保護者の家庭や就労の状況は各家庭によりさまざまである。保育所の保育士はさまざまな家庭に対応して支援を行っていかなければならない。p.96の保育所保育指針第４章２「保育所を利用している保護者に対する子育て支援」にあるように、さまざまな家庭の状況をふまえて保育士は子育て支援を行っていく。そのなかでも「子どもの発達や行動の特徴、保育所での生活の様子を伝えるなどして子どもの状況を保護者と共有するとともに、保護者の意向や思いを理解したうえで、必要に応じて市町村等の関係機関やかかりつけ医と連携するなど、社会資源を生かしながら個別の支援を行う必要がある。」

本節では、子育て家庭のさまざまな状況を想定し、以下の３つの事例をとおしてどのような資源を活用しながら支援を行うことができるのかを考えていく。

（１）ひとり親家庭に対する支援
（２）保護者が障害や精神疾患を抱えている家庭に対する支援
（３）外国籍の家庭に対する支援

1 ひとり親家庭に対する支援

事例4-8

Bくん（３歳）の母親は一人でBくんを育てており、Bくんが１歳のときに父親と離婚している。父親とは今は連絡をとっていない。母親はBくんを育てるために仕事をかけもちしている。平日だけの仕事だけではなく、土日や祝日にも出勤することが時折ある。

母親の両親は遠方に住んでおり、近くにはいないため、Bくんを預けることができない。今は土曜日の出勤であれば保育所に預け、日曜日や祝日の仕事が入る場合には、自宅から１時間離れたところに住んでいる姉家族のところにBくんをお願いして預かってもらっていた。しかし、最近になり姉が妊娠したことがわかり、これまでと同様に姉家族にBくんを預けることが難しくなってきた。また、Bくんも姉家族に預かってもらう日はなかなか母親の言うことを聞かずにぐずったり、甘えたりすることが多く見られるようになってきた。母親もそんなBくんを見て仕事に間に合わなくなることや、日ごろの疲れからイライラすることもあり、Bくんに厳しい口調で怒鳴ってしまうことも多くなってしまった。怒鳴ったあと、母親は後悔することが多く、それを止められない自分に対しても自己嫌悪に陥っていた。

ある朝、保育所にBくんを送りに来た際に、玄関のところで登所を嫌がるBくんに対し、母親はつい大きな声で怒鳴ってしまった。その声に驚いたクラス担任の保育士が母親に駆け寄り、「どうしましたか？」と声をかけると、母親はハッとした様子で「すみません大きな声を出してしまって……」と謝罪した。Bくんを見ると今にも泣きだしそうな様子であったため、担任保育士は「Bくん、おはよう。CくんがBくんが来るのを待っていたよ。昨日の続きのブロック作りたいんだって」と声をかけるとBくんは涙を流し、「うん。ブロック作る」と言って保育室の方に向かっていった。

担任保育士は「お母さん、大丈夫ですか？　Bくん、どうかしましたか？」と声をかけた。母親はうつむき、「すみません」と答え、「最近Bに対してついイライラして怒鳴ってしまうことが多くて……。このままだといつかBに対して手をあげてしまうかもしれません。そう思うと自分がとても嫌で……」と話した。担任保育士は母親の出勤時間も考え、「お迎えに来たときに少し話をしませんか？」と声をかけ、Bくんを預かることを伝え、母親を見送った。

その日、Bくんを迎えに来た際に担任保育士は母親と個別に話す時間をとった。Bくんのことで悩んでいる様子だったので、ここ最近のBくんの様子や母親自身のことで何か困っていることや大変なことはないか聞いてみた。母親はそこで担任保育士に仕事のことや姉家族のこと、最近のBくんのことなどを話した。担任保育士は母親の話を聴いて、母親の気持ちを受けとめ、ひとり親家庭が使える支援について保育所でも検討し、後日、紹介したいことを伝えた。担任保育士は所長や主任にこのことを相談し、母親が使える支援がないか保育所内でも検討した。Bくんと母親が使える支援としてどのようなものがあるのかを確認し、後日、母親に伝えた。

ワーク❷ ひとり親家庭に対する支援を考える

事例4-8 Bくん親子が使うことのできる資源（支援・サービス）にはどのようなものがあるか考えてみましょう。

【事例４－８解説】

Bくんはひとり親家庭なので、さまざまな支援を使用することができる。この事例の課題とともに使える支援について考えていきたい。保育所では、母親に対していくつかの支援を紹介することができる。Bくんが住んでいる地域でどのような支援を活用できるのか、どこに行けばその支援を利用することができるのかについて伝える。直接的に保育士が何か具体的な支援ができなくても、支援を活用できるようにひとり親家庭と支援を結びつけることはできる。それは、保育士に課せられた重要な役割である。

まず一つは母親の仕事に関しての課題である。現在、母親は仕事をかけもちしており、土日・祝日の出勤が時折ある仕事に就いている。今後、姉家族の支援を受けられないことを考えれば、土日・祝日の出勤のない仕事に転職した方がBくんを預ける心配がなく、Bくんにとっても安心であることが考えられる。二つ目には、今のかけもちの仕事を変えない場合は、姉家族に代わって日曜日や祝日にBくんを預かってくれる人が必要となる。３つ目には、母親のストレスや疲れが溜まっていると考えられることである。Bくんに対してイライラして怒鳴ってしまい、そのことを後で後悔していることから、かなりのストレスや疲れが蓄積していると考えることができる。それぞれの課題に対する資源についてみていく。

（１）課題①母親の休日の仕事に関して

まず、一つ目にあげた母親の仕事に関する課題である。「平成28年度全国ひとり親世帯等調査」によれば、母子世帯で就業しているのは全体の81.8%で、そのうち正規の職員として働いている母親は44.2%、一方でパートやアルバイト等で働いている母親は43.8%である。正規職員とパート・アルバイ

図表4-1 ひとり親家庭の就業支援関係の主な事業

事業名	支援内容
❶ハローワークによる支援	子育て女性等に対する就業支援サービスの提供を行う。
❷母子家庭等就業・自立支援センター事業	母子家庭の母等に対し、就業相談から就業支援講習会、就業情報の提供等までの一貫した就業支援サービスや養育費相談など生活支援サービスを提供する。
❸母子・父子自立支援プログラム策定事業	個々の児童扶養手当受給者の状況・ニーズに応じ自立支援計画を策定し、ハローワーク等と連携のうえ、きめ細かな自立・就労支援を実施する。
❹自立支援教育訓練給付金	地方公共団体が指定する教育訓練講座（雇用保険制度の教育訓練給付の指定教育訓練講座など）を受講した母子家庭の母等に対して、講座終了後に、対象講座の受講料の6割相当額（上限、修学年数×20万円、最大80万円）を支給する。
❺高等職業訓練促進給付金	看護師など、経済的な自立に効果的な資格を取得するために1年以上養成機関等で修学する場合に、生活費の負担軽減のため高等職業訓練促進給付金（月額10万円（住民税課税世帯は月額7万500円）、上限4年、過程修了までの最後の12か月は4万円加算）を支給する。
❻ひとり親家庭高等職業訓練促進資金貸付事業	高等職業訓練促進給付金を活用して就職に有利な資格の取得を目指すひとり親家庭の自立の促進を図るため、高等職業訓練促進資金（入学準備金50万円、就職準備金20万円）を貸し付ける。
❼高等学校卒業程度認定試験合格支援事業	ひとり親家庭の親又は児童が高卒認定試験合格のための講座を受け、これを修了した時及び合格した時に受講費用の一部（最大6割、上限15万円）を支給する。

出所：厚生労働省子ども家庭局家庭福祉課「ひとり親家庭等の支援について」令和２年４月

ト等は比率的には半々程度である。

就労による年間の平均収入は母子世帯では200万円程であるが、正規職員であれば年間305万円程、パートやアルバイトでは133万円程である。倍以上の金額の差が見られる。ひとり親家庭が生活していくためには、より高収入な仕事を探しており、パートやアルバイトであればかけもちで働いて収入を得ている。

そのような状況のなかで2012（平成24）年に「母子家庭の母および父子家庭の父の就業の支援に関する特別措置法」が成立した。この法律により、母子家庭や父子家庭の就業支援について施策の充実が図られた。ひとり親家庭の就業支援に関する主な事業は図表４-１のとおりである。このなかからBくん親子が活用できるものを考えていきたい。

今回の事例のように子育てをしている母親が働きやすいようにさまざまな事業が実施されている。Bくんの母親は、たとえば「❶ハローワークによる支援」を活用することができる。ハローワークにはマザーズハローワークやマザーズコーナーがある。子育て中で仕事を探している母親などにきめ細かい就職相談の対応をしてくれる。子どもを連れて訪問しやすい環境が整えられており、ひとり親家庭の求職のニーズに対応する相談員も配置されている。ほかにも「❷母子家庭等就業・自立支援センター事業」の活用がある。このセンターでは就職の相談だけではなく、就職を支援するための講習会やひとり親家庭のための支援として養育日や面会交流などの支援も行っている。❶と❷以外にも就業訓練や土日・祝日の出勤がある職ではなく、平日にできる仕事を探すことなど、Bくんの育ちや自分たちの生活を考慮して仕事を検討することが必要である。

（2）課題②今のかけもちの仕事を変えない場合

もし、Bくんの母親が今の仕事を変えたくないと考えているのであれば、休日の預かりの支援を活用する必要がある。現在、ひとり親家庭に向けた子育てや生活に関する支援の主な事業は図表4-2のとおりである。今回の事例のようにBくん親子が利用できる休日の預かりに関しては「子育て短期支援事業」が該当する。

「子育て短期支援事業」には2種類あり、一つは「短期入所生活援助（ショートステイ）事業」である。「ショートステイ事業」は「保護者の疾病や仕事等の事由による子どもの養育が一時的に困難となった場合、又は育児不安や育児疲れ、慢性疾患児の看病疲れ等の身体的・精神的負担の軽減が必要な場合に、児童養護施設等で一定期間（原則7日以内、必要に応じて延長可）子どもを預かる事業」である。

もう一つは「夜間養護等（トワイライトステイ）事業」である。「トワイライトステイ事業」は「保護者が仕事その他の理由により平日の夜間又は休日に不在となることで家庭において子どもを養育することが困難となった場合その他緊急の場合において、その子どもを児童養護施設等において保護し、生活指導、食事の提供等を行う事業」である。

祝日や日曜に仕事が入る場合はトワイライトステイを活用してBくんを預け、仕事に行くことは可能である。ひとり親家庭の場合は利用の必要性が高いと判断され、優先的に利用することができる等の配慮が行われている。ひとり親家庭に向けた支援以外にも休日の預かりをしてくれる支援として、「子育て援助活動支援事業」（ファミリー・サポート・センター事業）がある。子どもを預かりたい人と預かってもらいたい人との調整をしてもらい、預かってもらうこともできる。

今回のBくんの場合、３つ目の課題である育児疲れも母親に見られるのでショートステイ事業、二つ目の課題である仕事を変えられない場合は休日の対応としてトワイライトステイ事業を活用することができる。

（３）課題③母親のストレスや疲れが溜まっている

課題②のところであげたショートステイ事業の活用ができる。短期間でも預かってもらうことで、母親の負担が減り、Bくんへの接し方に変化があるかもしれないと考えられる。また、課題②であげたファミリー・サポート・センター事業の活用も可能である。そのほかに、「ひとり親家庭等日常生活支援事業」を活用することもできる。この事業を実施している自治体でのみの活用が可能である。通常は修学や病気などの理由で一時的に家事などの援助や保育が必要となる場合や大きな生活の変化などで支援が必要な場合に家

図表4-2 ひとり親家庭の子育て・生活支援関係の主な事業

事業名		支援内容
母子・父子自立支援員による相談・支援		ひとり親家庭及び寡婦に対し、生活一般についての相談指導や母子父子寡婦福祉資金に関する相談・指導を行う。
ひとり親家庭等日常生活支援事業		修学や疾病などにより家事援助、保育等のサービスが必要となった際に、家庭生活支援員の派遣を行う。
ひとり親家庭等生活向上事業	相談支援事業	ひとり親家庭等が直面する様々な課題に対応するために相談支援を行う。
	家計管理・生活支援講習会等事業	家計管理、子どものしつけ・育児や健康管理などの様々な支援に関する講習会を開催する。
	学習支援事業	高等学校卒業程度認定試験の合格のために民間事業者などが実施する対策講座を受講している親等に対して、補習や学習の進め方の助言等を実施する。
	情報交換事業	ひとり親家庭が定期的に集い、お互いの悩みを相談しあう場を設ける。
	子どもの生活・学習支援事業	ひとり親家庭の子どもに対し、放課後児童クラブ等の終了後に基本的な生活習慣の習得支援、学習支援や食事の提供等を行い、ひとり親家庭の子どもの生活の向上を図る。
母子生活支援施設		配偶者のない女子又はこれに準ずる事情にある女子及びその者の監護すべき児童を入所させて、これらの者を保護するとともに、これらの者の自立の促進のためにその生活を支援し、あわせて退所した者について相談その他の援助を行うことを目的とする施設。
子育て短期支援事業		児童の養育が一時的に困難となった場合に、児童養護施設等で預かる事業。

出所：厚生労働省子ども家庭局家庭福祉課「ひとり親家庭等の支援について」令和2年4月

庭生活支援員の派遣を行っている。未就学児のいるひとり親家庭においては仕事が理由で帰宅が遅くなる場合にも家庭生活支援員を派遣してもらうことができる。日常生活の家事などで大変なときにはこの事業を活用することも可能である。

ひとり親家庭に対しては住んでいる地域のハローワークや母子家庭等就職・自立支援センター、福祉事務所など地域に置かれている機関に出向いて相談することができる。市町村の窓口でも現在は相談を受けつけている。ひとり親家庭の相談はワンストップ化の体制を現在整えているところである（図表４-３）。直接窓口に行かなくても相談を受けることができるような体制づくりが行われている。

図表4-3 ひとり親家庭に向けた自治体のワンストップ化

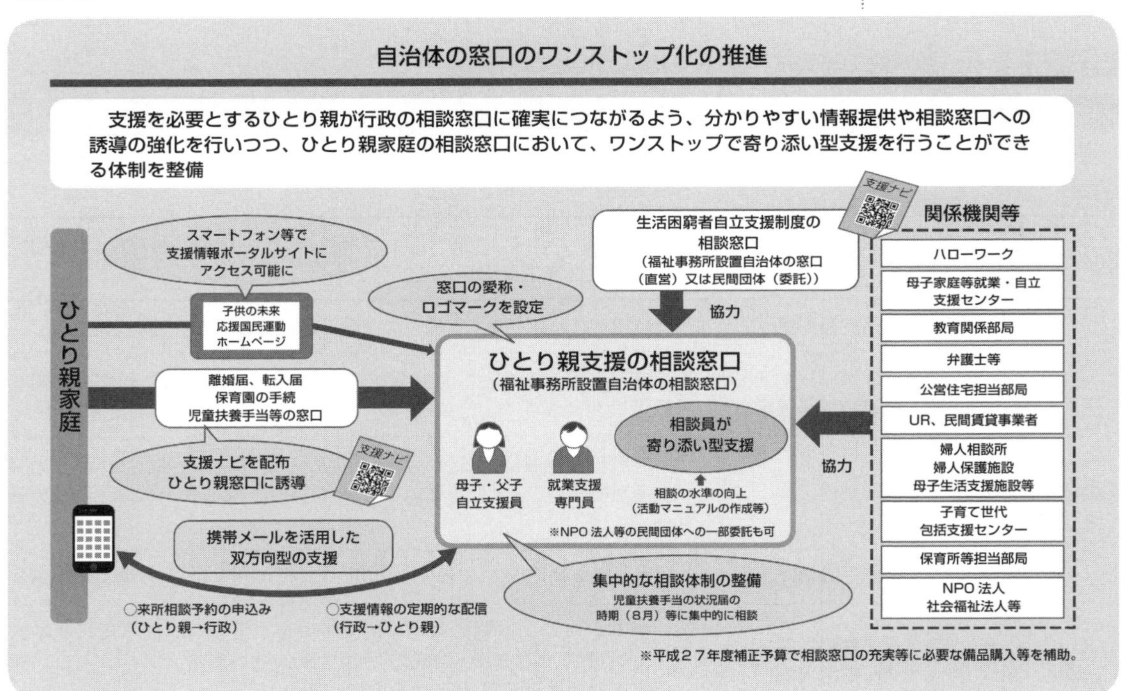

出所：厚生労働省子ども家庭局家庭福祉課「ひとり親家庭等の支援について」令和2年4月より引用

2 保護者が障害や精神疾患を抱えている家庭に対する支援

事例4-9

Dくんは、H保育所に通っている5歳の男児である。父親と母親の3人家族であるが、母親は少し前から精神疾患（うつ病）を患っており、朝起きることができずDくんの送迎も遅くなることが多い。また、連絡もなく登園して来ないこともあった。保育所が自宅に連絡を入れたり、母親に電話をかけたりするのだが、つながらず、父親に連絡を入れて確認をとることがある。しかし、翌日に何ごともなかったように母親がDくんを連れて登園してくることがある。そのつど、Dくんのクラス担任である保育士は、心配するので連絡してほしいことなどを伝えると母親は無表情になり、「わかっています」と言う。しかし、担任保育士が何度話しても送迎の時間が守られないことやDくんの登園状況についても改善されないことから、園長と主任にこのことを相談した。

ワーク❸ 保護者が精神疾患を抱えている家庭に対する支援を考える

事例4-9 のような場合、あなたの保育所ではどのように対応しますか。

❷ 保育所だけではなく、他機関と連携をとる場合、どんな社会資源との連携が考えられますか。

母親は、現在病院に通院しているようで薬を服用している。園長は母親の病状からも一人での育児は難しいだろうと考え、保健センターに連携を求めることにした。

Dくんのお迎えに来た母親に園長が声をかけた。最近のDくんの様子について話し、その話のなかで母親の状況についても聞いた。母親からは良い状態と悪い状態の繰り返しで、良くなっている感じがしていないことや、Dくんを保育所に通わせることに急に不安を感じ、保育所を休ませていること、家のこともできないことが多くて、夫には申し訳ないと思っていると話があった。園長は母親に対し、「そうなんですね。それは辛いですよね。私たちはお母さんのその辛い気持ちを救えるように力になりたいと思っているんです」と伝え、「私たちでは力になれていない部分もあるかと思うので、私たちと一緒にお母さんの辛い気持ちを救うお手伝いをしたいと言ってくれる人がいるんです。もしよければ一緒にお話してみませんか？　もちろん、私たちも一緒にいますので」と話した。

【事例 4－9 解説】

精神疾患を抱えている母親に対して相談してくださいと言っても、相談することができない場合の方が多い。また、精神疾患のある親に向けては虐待予防の支援が多い。今回の事例のように、虐待だけではなく育児について難しさを感じている場合への支援もある。

この事例の場合、現在、母親はDくんに対して虐待は行っていない。しかし、精神疾患を抱えている母親への対応に保育士は難しさを感じていた。このような場合に対応できるのが保健所や保健センターの保健師である。精神疾患の親や発達に遅れのある子どもへの支援など保育所が対応することが難しい際には保健師に相談し、精神疾患への対応や子どもの発達に関して専門的な支援を行っている。保健所等の保健師は精神疾患の対応ができ、その家庭へ訪問し支援することができるため、在宅での支援も可能となる。保健師と保育所が連携することで、Dくん親子の情報を共有し、一緒に対応することができる。

保健師以外にも地域の民生委員や児童委員にも支援を求めることができる。保育所が保健師につないだことで保健師から地域の民生委員や児童委員にともに見守りをしてもらうよう支援を広げていくことができる。

3 外国籍の家庭に対する支援

事例4-10

Eちゃん（4歳）は、R保育所に入園して1か月が経とうとしている。Eちゃんの家族は中国から仕事の都合で日本に引っ越してきてから数か月経ち、こちらの生活にも少しずつ慣れてきたところである。

Eちゃんの父親は仕事の関係上、日本語を話すことはできる。しかし、難しい表現や言い回しなどは理解できない。母親はこれまでずっと中国で生活してきたので、日本に来る前に日本語の勉強は多少したものの、片言でしか話すことができない。家庭のなかでは中国語しか使われないため、Eちゃんも日本語を話すことはできない。そのため、保育所でもなかなか子どもたちの遊びの輪のなかに入っていくことができず、一人で遊んでいることが多い。Eちゃんの送迎は母親が行っており、保育士たちも中国語を話すことができないため、保育所での出来事や行事に関して、持ち物などを伝えたり、母親とコミュニケーションをとったりすることに苦労していた。

ワーク❹ 外国籍の家庭に対する支援を考える

❶ 事例4-10 のように外国籍の子どもや家庭の場合、保育所はどのような対応をとっていけばよいでしょうか。今回の事例をもとに考えてみましょう。

❷ 実際に外国籍の子どもを受け入れている保育所の方はどのような対応を園で行っているのか共有しましょう。
実際に受け入れている保育所の方がいれば発表してもらいましょう。

【事例 4 -10 解説】

さまざまな外国籍の子どもを受け入れている保育所では、子どもへの対応や保護者への対応だけではなく、文化や習慣の違い、宗教上の対応、食文化の違いなど多くの問題が見受けられる。それぞれの問題に対して、保育所内でどのように対応をしていけばよいのか、一つひとつ検討することが必要となる。

今回の事例のように、保護者のどちらかが日本語を話せる場合、保育士とのコミュニケーションや大事な連絡を伝えることは比較的に通じやすい状況であるといえる。しかし、保護者のどちらも日本語が話せない、文字が読めないなどの状況であれば、コミュニケーションをとることが難しくなる。保育所内でもジェスチャーや写真、絵（イラスト）、単語などを用いて伝えることから実施していく。しかし、それでも伝わりきらないことや、説明の難しいこともある。そのような場合、まずは保育所のある自治体と連携をとって対応していく。各自治体によって外国人向けの支援などの実施は異なるが、外国人労働者が多い地域では支援が充実していることが考えられる。さまざまな情報を多言語で資料として用意してあることや、子育ての情報をホームページ等で多言語で見られるようにしていること、さらに通訳の派遣を行ってくれる（自治体が直接派遣しなくても、通訳や翻訳などを行うNPOなどを紹介してくれる）等の支援が考えられる。

また、生活の困ったことなどの相談で保育士が対応できない場合は「外国人総合相談支援センター」や「国際交流センター」など地域の外国人支援の機関を紹介できるように準備しておくことも必要である。

国は今後、外国人労働者の受け入れを増加させていく方針である。さらに保育所に通う外国籍の子どもの増加が予測される。各保育所で受け入れる際の体制を整え、どのように対応していくのか自治体と連携をとって検討していくことが必要である。

＜参考文献＞

1）緒方玲美・有本梓・村嶋幸代「児童虐待ハイリスク事例に対する個別支援時の行政保健師による保育所保育士との連携内容」『日本地域看護学会誌』第14号 No.1，2011，pp.20-29

2）木浦原えり・真宮美奈子「外国人の親をもつ子どもの保育に関する研究―入所児童数が多い山梨県内の保育所の事例を中心に―」『山梨学院短期大学研究紀要』第34号，2014，pp.74-87

3）厚生労働省「保育所保育指針」，フレーベル館，2018

4）厚生労働省子ども家庭局家庭福祉課「ひとり親家庭等の支援について」，2019

5）厚生労働省雇用均等・児童家庭局家庭福祉課母子家庭等自立支援室「一人親家庭支援の手引き」，2016

6）「最新保育士養成講座」総括編纂委員会『最新 保育士養成講座 第10巻 子ども家庭支援―家庭支援と子育て支援』，社会福祉法人全国社会福祉協議会，2019

演習 保育所内における支援のアセスメントについて理解する

【ねらい】

- 保育所が行う相談支援の展開について理解し、振り返りシートの事例からアセスメントにおける情報収集の重要性を学ぶ。

【準備物】

振り返りシート（p.136 ～ 138）

【演習の流れ】

❶ 振り返りシートの事例を読む。

❷ 振り返りシートの1．考え、記入する。

❸ 4～5人でグループを作る。

❹ 振り返りシートの2．で書いた内容をグループで共有する。

❺ グループで話し合い、どのような情報を収集することが必要か、グループとしての意見をまとめる。

❻ グループごとに発表する。

振り返りシート　支援の過程について考える

以下の事例を読み、下記の課題に取り組んでください。

保育所に通っているFくん（5歳）は話をなかなか聞いてくれない。みんなで一緒に遊んでいるとき、制作で作り方を説明しているとき、友達とのトラブルで話をしようとするとき、保育士が話をしようとしてもFくんはじっとして話を聞くことができない。Fくんは小学校進学も控えているため、担当保育士は気になり、園長や主任に相談をした。園長も保育士に言われてFくんの様子を気にかけて見るようにした。確かにFくんは人の話を聞くことができていないように思えた。そこで、担当保育士から母親にも話を聞いてみることにした。家庭では、母親と父親の話を聞くことができているのか、保育所だけでのことなのか、その点について確認してみることとなった。

送迎の際にFくんについて母親と話をしてみた。保育所でのFくんの様子を伝え、お家ではどうか聞いてみた。母親は「聞き分けのないことはよくあります。私たちの話を聞いていないと言われれば、確かにそうなのかもしれませんが、よくわかりません。外出時もすぐに走り出して動いてしまうし、一緒に行くとか勝手に行ってはいけないとかいうことは伝わっていないかもしれません」とのことであった。

1．事例を読み、アセスメントとしてどのような情報を収集することが必要でしょうか。具体的にあげてみましょう。

＊ここで必要な情報については講師から提供をする。

2．4～5人でグループつくり、お互いにアセスメントしてどのような情報を収集することが必要と考えたのかを共有し、グループとして意見をまとめて発表してみましょう。

3．2．で集めた情報をもとに、どのような支援計画を立てればよいでしょうか？ 下記の表を参考に空欄に書き入れてみましょう。解決していく順位、問題、支援目標、支援内容、担当者、解決までの期間（目安）を考えて埋めてみましょう。

◎支援計画（個人）

順位	問題	支援目標	支援内容	担当者	期間
1					
2					
3					
4					
5					

4．支援計画が埋められたら、４～５人程度でグループをつくり、各自が作成した支援計画を共有してみましょう。共有した支援計画からグループのなかで話し合いをし、より良い支援計画をグループで作成してみましょう。

◎支援計画（グループ）

順位	問題	支援目標	支援内容	担当者	期間
1					
2					
3					
4					
5					

第５章

子ども虐待および貧困家庭に対する支援

第１節：子ども虐待の特徴を理解し、子どもや保護者の様子から気づきの目を養い、客観的にとらえるツールを学ぶ。通告の必要性について理解を深め、発見から通告までの手順とその間の子どもや保護者への支援について学ぶ。通告からその後の支援の流れを学び、要保護児童対策地域協議会のしくみと他機関連携のあり方を理解する。

第２節：子どもの貧困の現状や、自己肯定感とのつながりを理解し、気づきの目を養う。貧困に気づいたときからの支援方法（園内対応、関係機関との連携、留意点）を学ぶ。

5-1 子ども虐待の理解と対応

児童虐待防止等に関する法律第５条には、「児童福祉施設職員は児童虐待の早期発見に努めなければならない」と示されている。したがって、児童福祉施設の一つである保育所の保育士にも、子どもと毎日かかわる立場として、虐待やその疑いに対し早期発見に努めるという役割がある。さらには、「虐待の発生を予防する」「虐待が発生してしまっている家庭への援助」という役割も担うこととなる。

1 子ども虐待についての理解

まず、虐待の類型や特徴について理解をしておくことが必要である。虐待には、身体的虐待、ネグレクト、心理的虐待、性的虐待の４つの類型がある。４類型以外にも、「揺さぶられっ子症候群（SBS）」（身体的虐待の一つとも考えられている）がある。泣き止まないことにイライラし、概ね生後６か月以内の乳児の体を激しく揺さぶることにより、頭蓋内出血等を引き起こし、その結果、障害や死亡にいたる場合もある。また、「代理によるミュンヒハ

図表5-1 児童虐待の定義

種　類	特　徴
身体的虐待	殴る、蹴る、投げ落とす、激しく揺さぶる、やけどを負わせる、溺れさせる、首を絞める、縄などにより一室に拘束する　など
性的虐待	子どもへの性的行為、性的行為を見せる、性器を触る又は触らせる、ポルノグラフィの被写体にする　など
ネグレクト	家に閉じ込める、食事を与えない、ひどく不潔にする、自動車の中に放置する、重い病気になっても病院に連れて行かない　など
心理的虐待	言葉による脅し、無視、きょうだい間での差別的扱い、子どもの目の前で家族に対して暴力をふるう（ドメスティック・バイオレンス：DV）　など

出所：厚生労働省「子ども虐待対応の手引き」,（2013）, p.3

ウゼン症候群（MSBP）」という、子どもを病気にして、献身的に世話をすることにより、注目をあび満足感を得るといった虐待もある。

2 虐待への気づきの目

（1）入園前の面談や健康診断での場面

入園前の面談において、保護者や子どもの様子から、虐待や虐待の危険性を感じとれる場合がある。保護者の状態としては極端に緊張している・疲れている・子どもの成育歴や養育状況を説明できない・子どもに対しイライラした口調で声をかけているなどがあげられる。子どもの状態としては、体にアザや傷が見られる・体格が標準よりかなり小さい・衣類や体の汚れ・親との不自然なかかわりなどがあげられる。

入園時の説明会等で、「子どもの健やかな成長のために、保護者とのかかわりを大切に支援していきたい」「保育所には、子どもと保護者を守るために、虐待の疑いであっても通告の義務がある」「**しつけと虐待の違い**」「いつでも相談にのるので、抱え込まないでほしい」ことを伝え、理解してもらうことが入口部分の支援として重要である。

（2）入園後の様子

保育士は、長時間子どもと密接にかかわる立場にいる。遊びや会話、着替えや食事等、日常生活を通し、子どもの体に触れたり観察したりしている。だからこそ、子どもの些細な体に起きている変化や気持ちの揺れに気づくことができるのである。その立場を生かし、子どもから発せられる「助けて」の声なき声をキャッチし、次につなげていくことが、子どもと保護者を守る保育士・保育所の役割である。保育士が、子どもの声なき声を聞くアンテナを張るために、「保育所でのチェックポイント（図表5-2）」等を活用し、観察に役立ててもらいたい。

保育士には、実践感覚として、「何か変」「どうも不自然に感じる」というときがある。言語化が難しいかもしれないが、それは経験に裏打ちされていることでもあるため、その「何か変」「どうも不自然に感じる」をそのままにせず、「保育所でのチェックポイント」「リスクアセスメントシート」（図表5-3）等で確認し、園内で情報共有することが重要である。なお、本書に掲載した判断ツール等は、厚生労働省や各自治体の書式を確認し用いている。

しつけと虐待の違い

しつけと虐待は、そもそも質の違うものである。「しつけ」は子どもの人格を尊重し、子どもが行動をコントロールする力を身につけるため、保護者が理性をもって行う営みである。しかし、虐待は、子どもの人格を認めず、子どもの健全な成長発達を阻害するような不適切なかかわりをすることである。判断基準は、子どもの立場から見てどうかということになる。

図表5-2 保育所でのチェックポイント（1日の生活）

活　動	チェック項目
登　園	子どもの様子 □表情はどうか（乏しい、笑わない、目をそらす、親の顔色うかがい） □機嫌はどうか □ケガや火傷、アザなどはないか □親と別れる時の態度はどうか（親がいる間は緊張しているが別れると表情が良くなる） 保護者の様子 □子どもへの態度はどうか（子どもの方を見ない、子どもへの接し方乱暴・ぎこちない、子どもに話しかけない） □会話の内容はどうか（子どもがかわいくない、産まなければよかった、他人の子と比べてばかりいる等） □表情はどうか　□服装、身なりはどうか □遅刻が多くないか □連絡なしに子どもを休ませたり、長期の欠席がないか
遊び（おやつ睡眠）	子どもの様子 □食事をとってきたか（お腹が空いて元気がない・気分不良） □遊び方が攻撃的ではないか（すぐにカッとして友達とトラブルをおこす・物を投げる） □衝動的な行動はないか □身体接触を異常に嫌がることはないか □感情表現の仕方（感情が爆発する等） □大人の顔をうかがう　□ベタベタ大人に甘える □年齢不相応な性的模倣遊びが見られる（言葉、しぐさ）
おむつ交換着替え	子どもの様子 □見えないところに傷やアザ、火傷はないか □からだが不潔ではないか（汚れ、臭い）　□ひどいおむつかぶれはないか
給　食	子どもの様子 □食事の食べ方はどうか（ガツガツしている、おかわりが多い、人に隠れて食べる等）
午　睡	子どもの様子 □入眠前の会話の内容や感情（泣く、怖がる）で気になることはないか
連絡帳の記入	保護者の様子 □連絡帳の内容はどうか（子どもに対して否定的なことが書いてある、もしくは何も書かれていない）
おやつ遊びお迎え	子どもの様子 □親が迎えに来た時の態度はどうか（迎えに来ても帰りたがらない、親の姿を見たとたん緊張する、親の側に寄らず保育士にすがりつく） 保護者の様子 □子どもへの態度はどうか（子どもの方を見ない、子どもの話を聞かない、子どものペースに合わせない、言葉がけが乱暴、すぐに手があがる） □笑顔が見られない　□イライラしている　□ひどく疲れている □保育士との会話を避ける □他の保護者と交流がない

出所：厚生労働省「要保護児童対策地域協議会実践事例集」，2013を参考に著者作成

図表5-3 リスクアセスメントシート

リスクアセスメントシート（初回・　　回目）

◇記入日＿＿年　月　日（記入者：　　　　）

◇ケース番号　＿＿＿＿—＿＿＿＿

◇児童氏名　＿＿＿＿（男・女）

◇生年月日＿＿年　　月　　日（　　歳）

◇虐待種別（主◎、従○）　身体・性的・ネグレクト・心理

◇虐待者（主◎、従○）右図「ジェノグラム及びサポート」に記入

〈ジェノグラム及びサポート〉

		項目	該当	該当なし	不明	過去にあり現在は消失	状況例（該当する項目があれば、チェックするか□で囲む。項目にないが特記すべき情報は余白に書き込む）				
		重篤度					最重度	重　度	中　度	軽　度	危　惧
虐待状況の確認	1	身体的な状況（身体的虐待）				□	頭部外傷 乳児を投げる／踏みつけ 窒息の危険 その他生命危害行為	骨折　打撲 やけど 腹をける 顔面のひどい外傷 被害児が乳児	半年以内に2回以上のあざや傷 新旧の傷 顔面のあざ ける	傷が残らない程度の暴力 単発の小さくわずかなケガ	今、傷はないが、発生する可能性が高い
	2	ネグレクト				□	病気なのに受診させない 明らかな衰弱 脱水	乳幼児の夜間放置 乳児の夜間放置 長期外出禁止 主ライフライン停止 食事が満足にできない	生活環境不良で改善なし 放置 登校禁止	健康問題が起きない程度のネグレクト	予防接種や健診を受けない
	3	性的な被害の状況（性的虐待）				□	妊娠 性交渉 ポルノ被写体	性器を見せる 着衣の上から触る 性描写や性交渉を見せる	着替えを覗いたり浴室に入る 子の不相応な性的言動あり	子どもに卑猥な言葉を発する 性的描写の鑑賞物を置く	疑い
	4	心理的な状況（心理的虐待）				□	自殺の強要 親子心中を考える 子どもの自殺企画	頻回なDVの目撃 子の頻回の自傷行為 日常的に威嚇・批難・無視	目前DV 子の自傷行為 強い叱責 脅し　保護者自傷 きょうだい間差別	子への威嚇、非難、無視がときどき きょうだい間差別が一時的にある	子がかわいく思えない
子どもの状況	5	分離の意思				□	□帰宅拒否　□子どもが保護を希望　□分離に対して同意 □消極的帰宅選択　□積極的帰宅選択　　等				
	6	第三者による確認				□	□長期間生存が確認されていない　□正当な理由なく、保護者が子どもとの面会を繰り返し拒否 □正当な理由なく、保護者が子どもとの面会を拒否 □1週間子どもの安全が確認できない　□子どもが保育所等に来なくなった　　等				
	7	養育者への思い				□	□怯える・いつも怖がって恐れている　□怖がる　□嫌がって遠ざけようとする □保護者の前で萎縮　□保護者の口止めに応じる　　等				
	8	精神状態				□	□生命に危険が及ぶ自傷他害がある　□極めて不安定　□不安定な状態 □リストカットなど自傷行為がある　□うつ的　　等				
	9	性格・行動面の特徴				□	□多動、落ち着かない　□誰にでも親しく話す　□暴力的 □万引き等の虞犯行為　□年齢不相応な性的言動が見られる　　等				
	10	発達及び健康状態				□	□低身長・低体重（医師による診断のみならず、疑いも含む） □心身の障害がある（手帳の有無に関わらず疑いも含む） □乳幼児検診が未受診　□関係機関から懸念がある　□予防接種未接種　　等				

出所：「千葉県子ども虐待対応マニュアル」書式編，2019，p.3一部使用

(3) 保育士に求められていること

保育士は、生活や子育てに何らかの困難を抱えている保護者と、被害にあっているかもしれない子どもの、もっとも近くにいる存在であり、両者に手を差し伸べることができる存在でもある。よって、保育所は、虐待予防や早期発見の場であるといっても過言ではない。

そのような立ち位置にいる保育士が、保育士ならではの専門性を生かした支援を行うためには、虐待についての知識と、子どもの些細な変化や不自然さに気づく目をもつことが必要である。最初は保育士一人の気づきであったとしても、一人で対応するのではなく、保育所全体でかかわる支援としてのチームアプローチが基本となる。チームアプローチでは、園長・主任・担任保育士それぞれの役割があるが、「保育所全体で支援していく」といった保育所の姿勢が大切であり、「保育所の職員皆に支えられている」と感じる保護者の安心感があってこそ、子どもと保護者を支えることが可能となる。

よりよい支援に結びつけるための保育所内での対応方法と、関係機関への手続き・連携について、以下に述べる。

3 通告・虐待が疑われた場合

(1) 通告の必要性

保育所保育指針の第４章：子育て支援２（３）にイ「保護者に不適切な養育等が疑われる場合には、市町村や関係機関と連携し、要保護児童対策地域協議会で検討するなど適切な対応を図ること。また、虐待が疑われる場合には、速やかに市町村又は児童相談所に通告し、適切な対応を図ること」と明記されている。

虐待か否かの確信がもてなかったり（例：親子とも、転んで顔をぶつけたときの傷だと言っている）、その後の保護者との関係性の悪化や苦情を意識して通告をしなかったり等、通告までに時間がかかると、さらに重篤な状況に陥り、親子分離や取り返しのつかないことになるおそれがある。

「虐待の確証が得られなくても、子ども虐待の恐れを発見した場合は通告をしなければならない」という児童虐待防止等に関する法律の趣旨の徹底と、「疑わしきは通告を」といった保育所全体の意識の統一を図ることが、ひいては、子どもとその家族を支えることにつながるのである。

明らかに虐待とわかる場合は、かなり重篤な状態である。一般的には、疑わしい状況で、保育所は判断に迷うことが多い。そのため、その後の保護者との関係を懸念し、通告をためらうことがある。しかし、**虐待か否かの判断をするのは児童相談所の役割であり、虐待の疑いのある子どもを発見した場**

合に通告することは保育所の義務であることを保育所全体で虐待対応の基本として再確認されたい。「保育所でのかかわりで何とか改善されるのでは」という認識ではなく、「まず、**通告をしてから様子を見る。**支える」ことが子ども虐待防止の基本である。

「児童虐待防止対策の強化に向けた緊急総合対策」の更なる徹底・強化について」（平成31年２月８日児童虐待防止対策に関する関係閣僚会議決定）を踏まえ２月28日に通知された新たなルールのポイントによれば、学校等（保育所も含まれる）は児童虐待の早期発見・早期対応に努め、市町村・児童相談所等に通告・情報提供を速やかに行うことと明示されている。

図表5-4 **児童通告書**

児　童　通　告　書

年　　月　　日

様

所属機関

職・氏名

児童福祉法第25条の規定により下記のとおり通知します。

子ども	ふりがな 氏　名		生年月日	年　　月　　日生 （　　　歳）
	所　属	学校　　年　　組 保育所　　幼稚園		
	児住所			
	本　籍 （国籍）			
保護者	ふりがな 氏　名		生年月日	年　　月　　日生 （　　　歳）
	職　業		子どもとの続柄	
	現住所			
通告理由				
備　考				
担当者		連絡先		

※不明な部分については記載不要

出所：「千葉県子ども虐待対応マニュアル」書式編様式40，2019，p.63

(2) 気づき（発見）から通告までの手順と職員体制

虐待の疑いをもつ園児が発見されてからではなく、日常の研修として虐待の認識や知識、対応方法を学び、すぐに対応できるよう虐待対応の体制づくりをしておく。

虐待の疑いをもつ園児が発見されたら、すぐに、職員全体が情報を共有し、どのような方向性で進むのかを理解する。

個人記録記入　チェックポイント
（図表5-2）
市区町村・児童相談所へ

リスクアセスメントシート活用
（図表5-3）
通告書（図表5-4）

電話等による通告

通告をする際、情報として必要なもの

園児の氏名・生年月日・住所・保護者氏名（家族）・勤務先・緊急連絡先・傷やアザの発見時の記録（イラスト・写真）・経過を記載してあれば個人記録（図表5-5）

通告先

リスクアセスメントシートを利用し、リスクが低い場合は市区町村に通告をする。中度から重度の虐待と考えられる場合は、児童相談所に通告をする。連絡先に迷った場合でも、いずれかに通告をすることで相手側が連絡を取り合ってくれるので、躊躇することはない。このようなことが起こりうることを想定し、通告先や関係機関との連携をとっておき、顔の見える関係にしておくことが望ましい

職員全体でかかわるためには、事前に決めておいた体制をもとに役割分担をして対応する。以下に例をあげる。
・担任は、他の園児もいるため保育に徹する。子どもの状況で気づいたことは、リーダー、主任、園長に報告する。管理的立場の職員で協議したうえで全職員に周知したほうがよいことは園内で共有する。子どもが信頼を寄せている保育士が、可能な範囲で子どもから話を聞く。
・園長と主任は、保護者対応（送迎時に声をかける、話を聞く）を中心に行うとともに、子どもの状態・様子を把握する。また、どちらかが組織として外部との窓口になる。
・看護師は、さりげなく子どもの全体的な健康状態や傷等の確認をする。
他クラスの職員は、見守りや担任のフォローをし気づいたことを報告する。

個人記録記入　チェックポイント

リスクアセスメントシート活用

担任が責任感や孤立感を感じないよう、職員全体で支える。
虐待の疑いのある子どもは、対応に難しさがあり、試し行動に振り回されることで、他児に手が回らない状況も予測される。他児の保護者からクレームを受けることもありうる。そのようなときは、担任が傷つき疲弊感を味合わないよう、力量不足と批判するのではなく、担任も職員全体で支える姿勢を整える。

(3) 話を聞く（アセスメント）

①虐待の疑いをもったときに、子どもから話を聞く際に気をつけること

- 子どもとの間に信頼関係ができている保育士が、落ち着いて話を聞く。
- 子どもの特徴を把握し、その子どもがもっとも安心できるような環境を用意する。
- 子どもが勇気をもって話をしてくれた内容に対し、「可哀想」「びっくりした」「本当なの」などと自分の感情を加えない。子どもに、「自分が悪いことを言ってしまったのではないか」「このことは、相手を驚かせてしまうようなことなんだ」等の感情をもたせ、それ以上話さなくなる危険性がある。
- 誘導するような質問はしない。（例：「この傷はお父さんに叩かれたの？）
- いくら虐待をした親だからといっても、子どもにとっては大切な親である。親の悪口や責めるようなことは、子どもの前で言わない。
- 「誰にも言わないでほしい」といわれたときには、約束に応じるのではなく、「あなたを守るために、信じられる大人と一緒に考えていくことが大切」であることを、子どもが納得できるよう伝える。
- 正直に話をしてしまったことに対し、子どもは罪悪感をもつことがある。「勇気をもって話してくれたことは、お父さんやお母さんの辛い思いを助けることにもなる」「あなたは少しも悪くない」という言葉を添えて、子どもの不安を受けとめる。
- 性的虐待の聞きとりはとても難しく、聞きとり方によっては、さらに子どもを傷つける二次的被害を与えかねない。保育所では子どもが話をしてきた場合に聞く程度にとどめ、児童相談所において、性的虐待のトレーニングを積んだ専門職に任せることが必要である。

②虐待の疑いをもったときに、保護者から話を聞く際に気をつけること

- 保護者の行為に対し、批判的・指導的な話し方をしない。保護者は心を閉ざしたり、逆に敵対心をもつ危険性がある。
- 子どもから聞いた内容を、そのまま保護者に伝えない。保護者の怒りが、さらに子どもに向かう危険性がある。（例：「頬のアザは、お父さんがつねったと○○ちゃんは言っています。本当ですか？」）
- 保護者に傷やアザに対しての確認をするときは、子どものいない場所で行う。事実とは違う答えをする保護者を見て、子どもが本当のことを言ってはいけないと判断してしまう可能性がある。
- しつけとしての体罰を肯定する保護者に対し、頭から否定をするのではなく、体罰をしたくなってしまうほど大変な育児について、まずは共感を示す。そのあとに、子どもの辛さや保護者の困り感を一緒に考えていく姿勢を示す。
- 保護者から、虐待をしてしまったことや虐待をしそうなことについて話があった場合は、まず、話してくれたことに対し感謝し、辛かった時間に共感を示す。その後、保育所も一緒に保護者と子どもを支える協力をすることを伝える。

事例を用いて保護者や子どもから話を聞く際のポイントを考えてみましょう。

事例5-1 A（3歳男児）母子家庭
「今日もAちゃん遅いわ。みんなでお散歩に行くのに」と、担任保育士はつぶやく。散歩から帰ってきた11時頃、Aは母親と一緒に登園する。母親は寝起きの様子で、「お願いします」と言ってそそくさと園を出て行った。母親からは、アルコールの臭いがした。Aには覇気が見られず、椅子に座りしばらくボーっとしていたが、給食になるとむしゃぶりつくように食べる。おかわりもする。保育士はAに「昨日は夜ご飯食べたの？」と尋ねると、「うん」と言いながら、口に押し込むように食べ続けている。「朝ご飯は食べたの？」と尋ねると、やはり「うん」と答える。

①情報の整理
この事例は、家族の背景の情報が少ないが、今ある情報で整理をしていくと、不足している部分がより明らかになる。そのうえで母子に応じた支援が可能となる。
＜確認したほうがいいこと＞
- 母の体調
- 経済状況
- 協力者の存在　等

母親とかかわる時間をもつ努力をし、母親との対話のなかで確認できるといい。
②聞きとる際のポイント
保育士はAちゃんに「うん/ううん」で答える質問の仕方をしているが、聞きとり方としては、オープンクエスチョンが効果的である。この場合、「朝ご飯は何を食べたの？」等が具体的な答えを引き出しやすい。

（4）個人記録の作成
「何か気になる」「もしかして」と、子どもの不自然さに気がついたら、その時点から記録をとることが必要である。日常で使用している保育日誌や児童票とは別に、個別記録を作成し、どのような言動が気になったのか、体のどこに不自然な傷があったのかなどを記載する。人間の記憶は時間がたつと曖昧になるため、気づいたときにメモをし、改めてわかりやすく記載し記録として残す。それとともに、「何か気になる」と感じ始めたときの保護者の様子も書き加えることができれば、なおわかりやすい。月日とともに、気づいた時間が重要になる。傷やアザは時間とともに変化をすること、また、その負傷は家庭内での出来事なのか、保育所内での出来事なのかの判断にもなる。実際に傷やアザが発見されたときには、その部位の写真やイラストを描き、具体的な色や大きさを添えることで、虐待であった際の重症度の判断にもなる。話し言葉はそのまま「」で示し、保育士の推測と混同しないよう書き分けることが必要である。家族関係や周囲との関係をわかりやすく整理す

図表5-5 個別記録例

<table>
<tr><td>子どもの氏名</td><td>生年月日</td><td>保護者氏名</td><td>職業等</td></tr>
<tr><td colspan="4">家庭状況

（入園月日、住所、経済状況、就労状況、健康、家族構成等必要と思われる事項、）

ジェノグラム、エコマップが記載されるとわかりやすい

例）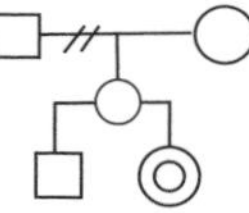</td></tr>
<tr><td>日時</td><td>子どもの様子</td><td>日時</td><td>保護者の様子</td></tr>
<tr><td></td><td>身体状況
傷・アザ等は写真や絵で示す。（大きさや色がわかるようにする）

身長体重　体調
衛生状態他

言動からの気づき
遊び内容　表情
他児とのかかわり
食事　排泄　午睡
保護者とのかかわり

記録者サイン</td><td></td><td>発言内容
送迎時の子ども・保護者とのかかわり

記録者サイン</td></tr>
</table>

※気になったときから、子どもと保護者の様子について、保育日誌とは別に個別記録を用意する。図やイラスト、写真を入れて具体的に示すことが有効である（傷等の大きさに関しては、近くにサイズのわかるものを置くと比較ができる）

※書き方は、事実と推測を書き分けることが必要である。話し言葉は、「 」で囲み、そのままを記載する。

出所：著者作成

るために、ジェノグラムやエコマップの書き方を覚え、記載するとよい。

個別記録をとっていた子どもが虐待を受けていなかったとしても、子ども自身、または家族に何かしらの配慮を要することは明らかなため、その子どもと保護者には継続した支援が必要とされる。虐待通告をした場合も、個別記録は今後の判断材料となるだけではなく、保護者への支援のあり方が見えてくる重要な記録となる。多忙な業務の合間に個別記録を記載することは大変な労力となるが、親子を支える保育所として重要な部分であることを認識し実践してもらいたい。

事例5-2 B（4歳女児）父親32歳会社員 母親27歳パート

Bは、おうちごっこでお母さん役をしているときに、「ごめんなさい」「叩かないで」と言うことがある。とくに、他児とけんかをしている場面ではない。不自然さを感じた保育士は、「おうちでパパとママがけんかをするとどうなるの？」と尋ねた。Bは一瞬困った表情を見せたが、「パパはママのことを叩くから、ママはいつも痛いって泣くの」と答える。「Bは、そんなときどうしてるの？」と尋ねると、「怖いから隣の部屋に隠れる。ママは可哀想」と、淡々と話す。そういえば、母親は時々サングラスやマスクをしてくることがある。もしかしたらアザかも……。と保育士は推測した。

これは日常の何気ない遊びのなかから保育士の気づきに至った事例である。子ども自身の体に傷がなくても、心に大きな傷を負う心理的虐待の疑いが考えられる。個別記録は外傷だけでなく、傷ついているであろう心理面も記録しておく必要がある。その際には、子どもの言動の実際と、そこから保育士が推測されることを書き分けながら記録する。夫婦関係の問題に立ち入ることは難しいが、あくまでも子どもの立場から見てどうなのかを念頭に置き、母とかかわったり、専門機関への通告・相談に結びつけていく。

（5）通告後の親子への支援

①虐待を受けていると思われる子どもへの支援

不適切な養育環境で育てられた子どもの特徴として、世話をしてもらった経験の乏しさや、情緒的な安心感を得られず、絶えずストレスのある状態におかれれいるため、衝動性が高い面がある。さらに、この大人は自分を受け入れてくれるか否かをためす「試し行動」をエスカレートさせる。その一方で、甘えたいときに拒否をされ続けた結果、甘えることを諦めてしまう子どもも見られる。これらのことからも、虐待を疑われる子どもとの愛着関係はなかなか成立しないが、虐待が与える影響のしくみを理解することにより、適切な距離をもって甘えを受けとめ、辛抱強くかかわることの大切さが納得できるであろう。

そのために、子どもの気持ちに共感し、頻繁に発生する他児とのトラブルの裏にある「子どもの思い」を言葉で相手に伝える仲介をしていく。それを繰り返すことにより、自分を理解してくれる大人として、徐々に信頼関係ができてくる。うれしいときにうれしい、悲しいときに悲しい、楽しいときに楽しいと感じる気持ちを回復させるために、言葉とスキンシップを通し、個別的に、また、友達の輪のなかで、さまざまな体験を広げていくことが必要である。

虐待を疑われている子どもが、明らかな理由もなく欠席をしたり、不自然な理由であったりした場合は、家庭訪問をする等、子どもの安否確認が必要となる。その際、複数で訪問をし、子どもの状態を確認することが基本となるが、子どもに会わせてもらえないときには、関係機関（市町村、保健師、児童相談所他）に連絡を入れ、状況を引き継ぐ必要がある。保育士は、子どもの安全を守るために保護者との関係性も大切にしなければならない。そのためにも、どこまでふみこんで支援をするかの住み分けを多機関と明確にしておくといいだろう。

保育士の根底には、子どもの最善の利益を守る思いが誰しもある。その正義や優しさ、「助けたい」思いがエスカレートし、虐待が生じる親子関係に入り込みすぎてしまう可能性がある。虐待は、一人の人間がどう頑張っても、解決できないほど根深い問題でもある。だからこそ、一人で立ち向かうことは危険であり、その結果、正確な判断ができなくなったり、保育士自身が辛くなり、バーンアウトしてしまう可能性も生じる。チーム対応の必要性はこの点からも理解されたい。

②虐待をしていると思われる保護者への支援

虐待をしていると思われる保護者や、虐待をしてしまった保護者に対し、社会は「なんてひどい親だろう」というレッテルを貼りがちである。確かに、子どもの心身に深い傷を与えている保護者だが、そのようにせざるを得ない保護者の抱えている課題に目を向けた支援が必要となる。

家庭の状況を把握することにより、見えてくること・推測されることがでてくる（たとえば、父親が失業中で経済的に困窮しており金銭的な不安からイライラしてしまう。自分も叩かれ厳しくしつけられた。子ども自身に育てにくさがある等）。さまざまな困難を抱えて子育てをしている保護者に対し、保育士は、子どもだけでなく保護者もともに支援していく姿勢をもつ役割がある。

そのためには、保護者との信頼関係をつくることである。やるべきことをやらない保護者や、感情の起伏が大きい保護者に対し、指導的な話し方、逆によそよそしい距離のとり方では、信頼関係の構築は難しい。「もう少し世話をしてもらいたい。自分の子どもなのだから」といった感情をもちながらの支援は、保護者に伝わり心を開くことができない。保護者が理不尽な言い方をするかもしれないが、その背景に思いを馳せながら、責めることや否定することはせず、まずは聴く。そして、次に、大変な状況を共感し、改善できる方法があれば（例：午睡時間の調整や食事の食べさせ方）具体的に知らせる。その後の親子の様子を確認し、うまくいかなくても保護者の努力を認め、寄り添い続けることが子育て支援につながるのである。

保育士として経験を積むことにより、自分の考えを確たるものにしていくが、それはすべての親子に通じるものではない。一人ひとりが個としてあるように、家庭としての有り様もすべて違う。保育士が、今までの経験から良かれと思って言った言葉が、逆に溝を深めることもある。保育に通じる具体的なアドバイスはしても、保育士自身の考え方を押しつけることのないよう注意が必要である。

虐待をしていると思われる保護者への支援は、難しさと緊張で保育士は疲弊しがちである。だからこそ、一人に重圧をかけず、保育所全体でのチームアプローチ、さらには、関係機関との連携が必要となるのである。

（6）きょうだいがいる場合

きょうだいのうち、一人だけ虐待を受けているといったケースは少なくない。残されたきょうだいは虐待を受けていないとしても、暮らしをともにしていたきょうだいが切り離されてしまったことへの感情や、保護者からの虐待の矛先が残されたきょうだいに向く可能性がある。保育士はそのことを理解し、安心・安全に保育所で生活できるよう見守りながら、変わったことがあればすぐに園内や他機関に相談できる体制をつくっておく。

（7）他の子どもや保護者への配慮

保育所に児童相談所職員が来所し、通告児童の職権一時保護をする場合がある。そのようなときには、時間や場所、方法を打ち合わせ、子どもの動揺を少しでも軽減し見送ってもらいたい。その際、他児や保護者が不審に感じないよう配慮が必要である。また、急に来なくなった友達に関し、どうしたのか聞いてくる子どもがいる。家庭の都合でしばらく休むことをわかりやすく伝え、周囲に心配をさせない配慮も必要となる。

4 虐待対応・連携を行う関係機関

通告をしたことについて保護者に伝えざるを得ない場合があるが、事前に保護者に伝える場合には具体的にどのような説明を行うかについて、関係機関と綿密な協議を行い、今後の協力を依頼する。早い段階で、「通告は法的義務であること、子どものために必要な対応であること」を関係機関が直接保護者に伝えたほうが、のちのち保護者との信頼関係を損なわないことが多い。

（1）通告から見守り・支援までの流れ（図表5－6）

①市区町村・児童相談所

- 目視により現状確認をする。→虐待通告受理後、原則48時間以内に児童相談所や関係機関において、直接子どもの様子を確認するなど安全確認を実施する。
- 緊急受理会議において、緊急度を判断する。
- 緊急度が高ければ児童相談所が介入する。→一時保護の可能性
- 緊急度が低ければ、地域で継続的な見守りをする。

②市区町村と保育所が、虐待に関する判断基準を共有し、保育所における保護者と子どもの様子を担当者に報告する。

- 市区町村や関係機関、要保護児童対策地域協議会（以下、「要対協」）での支援方針に基づき、子どもの支援、保護者の支援を展開する。いずれも、保育所としてできること・できないことを明確にし、その中で他機関との役割分担をする必要がある。

③要対協で協議する。

（2）要対協における保育所の役割（図表5－7）

要対協については、第2章4（1）で説明したが、地域で子どもを見守り支援するためのネットワークでもある。緊急的に行われる親子分離（一時保護）をせずに、その後も家族として地域で生活をするために、見守り・支援を行う機関の一つが保育所である。

保育所は、要対協の重要な構成メンバーになるので、会議にはかならず参加し、情報共有、アセスメントと支援法の検討、関係機関の役割分担、今後の予定を確認する。

KeyWord

児童虐待防止対策の強化に向けた緊急総合対策」の更なる徹底・強化について

学校・保育所等は、保護者からの情報元に関する開示の求めがあった場合、子どもからの虐待の申し出等の情報元を保護者に伝えないこととするとともに、市町村・児童相談所と連携しながら対応すると加えられた。さらに、児童相談所、学校、警察等との連携における主な留意点として、「虐待通告等の対応に関し、保護者による威圧的な要求や暴力の行使等が予想される場合、学校・保育所等は児童相談所や警察等の関係機関や弁護士等の専門家と速やかに情報共有し、連携して対応する」「要保護児童等について、学校・保育所等は欠席理由について保護者から説明を受けている場合であっても、休業日を除き引き続き7日以上欠席した場合（不登校等による欠席であって学校・保育所等が定期的な家庭訪問等により本人に面会ができ、状況の把握を行っている場合や入院による欠席であって学校・保育所等が医療機関等からの情報等により状況の把握を行っている場合を除く）には、市町村又は児童相談所に情報提供する」と示されたことからも、子どもを守れる立場として第一線である保育所機能への期待が強まっている。

図表5-6 保育所における通告過程とその後の流れ

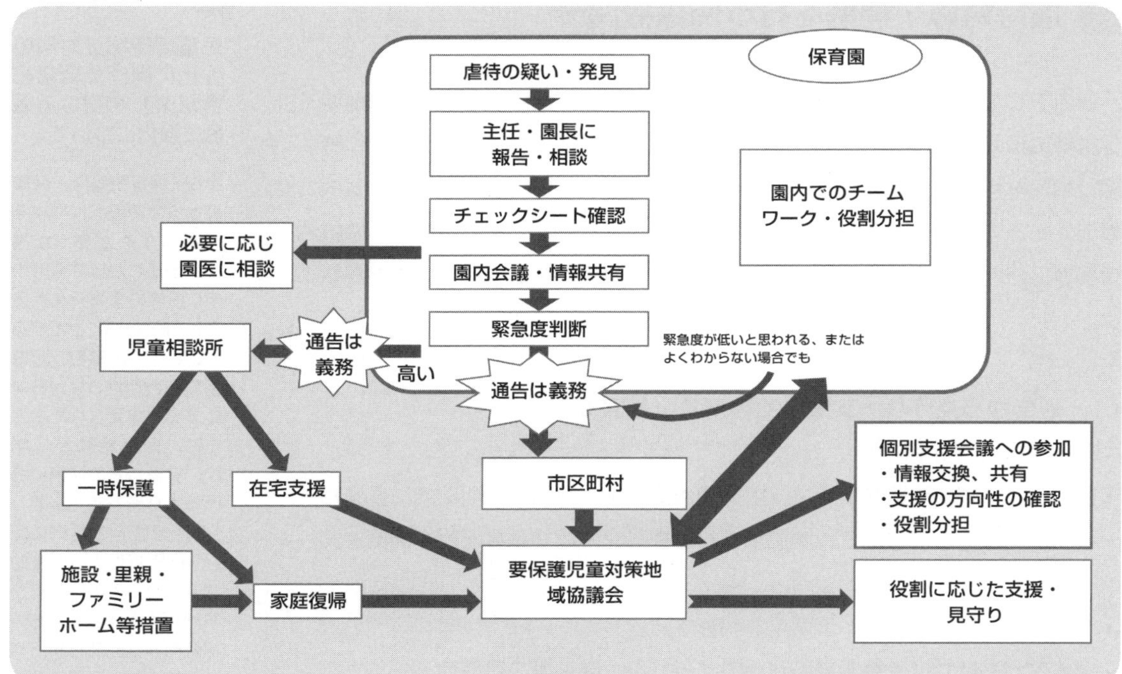

出所：著者作成

［要対協の構造］

多くの市区町村では、ネットワーク構築や支援計画策定、評価、それぞれの機関の役割等を漏れのないよう、代表者会議、実務者会議、個別支援会議の三層構造をもって実施している。

個別支援会議において、保育所が支えて見守りをしている子どもや保護者の情報共有をし、今後の支援計画策定を考えていく。支援計画は、一般的には、短期・中期・長期目標を想定する。子どもと保護者の実態を考慮し、スモールステップの積み重ねを大切にすることにより、実践可能な計画となる。支援計画に沿って、誰がどの部分を担当するのか、着眼点（具体的な判断基準：たとえば遅刻回数、登園・お迎え時間）はどこか、心配が生じたときや、状況が思わしくないときは、どのような報告手段をとるのか等を明確にし、顔の見える関係で支援を行うことが必要である。

要対協のメリットとしては、要保護児童等を早期に発見し迅速に支援を開始することができる、情報共有することにより関係機関が共通認識をもった役割分担が可能となり、家庭に、より適切な支援を届けることができるなどがあげられる。

保育所の役割の一つとして、一時保護解除後や社会的養護施設を退所し家

図表5-7 要保護児童対策地域協議会イメージ図

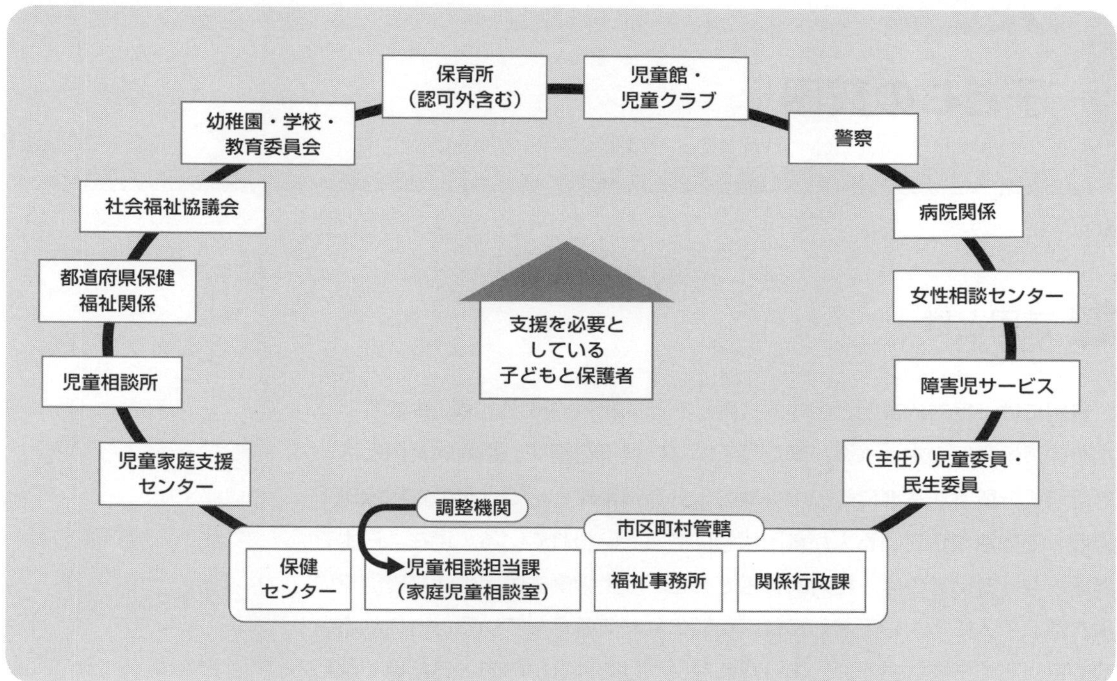

出所：沖縄県「子ども虐待に対応する関係機関のための手引き～より良い連携を目指して～」，2012を参考に筆者作成

庭復帰となった子どもや、すでに虐待が行われた家庭で暮らす子どもの見守り支援先として、児童相談所より保育所の機能が求められ、入園する場合もある。

（3）園内研修の必要性
― 子ども虐待への予防・早期発見・通告・支援から連携までの流れを速やかに行うために ―

日々の事例を事例研究として取り上げ、対応方法や課題を園内で明確にしていくことにより、気づきの目や自分の役割、園内協力の方法、その後の予測が可能になり、保育士一人ひとりの力量を上げることができる。また、ネットワークをつくっている多機関の話を聞いたり、他の社会資源とつながることで、保育士として「つながる」力を蓄積し、子どもと保護者を見守る目を広げることができる。

いずれも、時間に限りがあるなかでの研修となるため、資料を事前に読み込むことや、自分なりの疑問を整理しておくこと、終わった後の自身の振り返りなどが効果を上げるために求められる。

5-2

子どもの貧困

1 貧困とは

貧困には、絶対的貧困と相対的貧困がある。絶対的貧困とは、生きていくための最低限度の生活水準が満たせていない状況を指す。相対的貧困とは、等価可処分所得を基準にその中央地の半分を貧困線として、その貧困線以下の収入で生活をしている人が貧困状態にあるといわれている。現在、日本で問題となっているのは、相対的貧困である。厚生労働省国民生活基礎調査によれば、７人に１人の子どもが貧困状態のなかで暮らしていることになる。量や質が不十分ではあるが、まったくないわけではないので、見た目ではわかりにくいことも多い。ひとり親家庭や、非正規雇用、所得の減少などの低収入が背景にあると考えられる。

東京都の「子どもの生活実態調査」[1)]によれば、保育所には、貧困であることによる悪影響を食い止める役割期待をもつことが明らかになっている。「保育所在所経験の有無」として、生活困難家庭の子どもの方が、そうでない子どもよりも、保育所に通った経験が高い傾向にある。

保育所は、必要があれば、早朝から夜まで保育を実施している。一人親家庭だけではなく、何らかの生活課題を抱えた家庭も多く、ここでは、「貧困」に着目して、保育所・保育士としての支援方法を考えていく。

2 子どもの貧困への気づきの大切さ

千葉県子どもの生活実態調査[2)*1]によれば、小学校５年生への調査で、貧困家庭に育つ子どもの多くに、自己肯定感の低さが明らかになっている。調査では、そのような家庭は、10年前も貧困家庭であったことが確認され、それは、生まれてから、保育所時代もずっと貧困であったといえる。貧困であるか否かにかかわらず、子どもの自己肯定感を育むことは保育士の役割であ

＊1　千葉県内15市町村の小学5年生、中学2年生とその保護者を対象に、子どもの生活実態調査を実施した（回答率子ども34.4%、保護者34.5%）。近日中に報告としてまとめられる予定である

る。後々になって自己肯定感の低さが顕著になることを防ぐためにも、生活課題としての貧困に早期に気づく必要性がある。

目に見える貧困よりも、目に見えない貧困への気づきは困難である。保育士としての専門性に基づいた「何か気になる」感覚を大切に、「困る親子」を「困っている親子」として支えてもらいたい。

3 保育所で気づく子どもの貧困

(1) 子どもの様子から

保育士は、子どもの生活や心身の状況を、さまざまな場面から気づく立場にいる。貧困に関しては、外見だけでは判断できないことが多い。質素な暮らしぶりが見られても、子どもの健全な成長発達に支障なければ、その家庭の養育方針と考えられる。一方で、長時間子どもに寄り添う保育士であれば、早い段階で子どもの困り感に気づくことができる。事実だけに目を向けるのではなく、「なぜ、このような状況になっているのか」といった背景にまで気持ちを寄せて支援をしてもらいたい。

著者の経験より子どもの具体的な様子と推測される背景を例示する

①給食やおやつを、ガツガツ食べる。

→食費を切り詰めなければならず、家庭では十分な量・質の食事ができない可能性や食べるものがないことが推測される。

②体や髪の毛が汚れており、異臭がする。

→水道光熱費を節約しなければならない状況の可能性が推測される。

③おむつかぶれがひどい。

→紙おむつを購入する費用がないため、替える回数を減らしている可能性がある。

④洗濯をしていない同じ衣服を、毎日着用している。サイズの合わない服や靴を使用している。季節に応じた衣服調整が見られない。

→洗濯にかかる水道光熱費を節約している可能性や衣服の洗い替え、サイズに合ったものを購入する余裕がないことが推測される。

(2) 保護者の様子から

送迎時に顔を合わせる保護者の状況に関しても、携帯電話や車を所持しているから貧困ではないとはいい切れない。食事や衣服を切り詰めても、生活必需品として持ち続けなければならないこともある。全体的な状況から見て、判断することが必要である。

著者の経験より保護者の具体的な様子と推測される背景を例示する

①長時間労働で、かつ、仕事をかけもちしている。

→仕事をかけもちしなければ、生活が成り立たない可能性がある。

②保育料や必要な教材費等に、滞納や未払いがある。

→必要な費用を工面できない可能性がある（支払いの優先順位をつけることが難しい）。

③園内行事や園外行事に参加させない。

→制作や活動、交通費などの工面ができないため、休ませざるを得ない可能性がある。

④必要な準備物を揃えられなかったり、連絡帳を見たり書いたりしない。

→新たに購入するものに関しては、生活に余裕がないため購入できない可能性がある。準備や確認に関しては、日々の就労で、子どもにかける気持ちに余裕がないことが推測される。

子どもを大切にしたい保育士は、上記のような保護者の様子に、「だらしがない親」「車やスマホを持っているのに」「子ともが可哀想」などと思いがちになる。しかし、その現状の裏にある家庭の背景を多角的に推測することが、保育士として必要とされているのである。たとえば、食事の量・質が不十分でいつも空腹な子どもの場合、貧困に起因するのか（低収入、または家計管理ができない）、虐待なのか、それとも保護者の食に対する特別な考え方があるのか、また、能力的な問題があるのか等、いくつもの要因が考えられる。日々、子どもと保護者に近い存在である保育士だからこそ、観察できることである。

（3）事例をもとにした対応策の検討

事例5-3　一人親家庭、母親はパートを２か所でかけもちしている。
C（４歳女児）姉（小学校２年）

Cは、母親の仕事の関係でいつも７時に登園をする。登園後しばらくカーペットでゴロゴロとしている。午前中の活動には参加するものの、生あくびをして活発に遊ぶ様子が見られない。給食の時間になると、ガツガツと食べ、かならずおかわりをする。ポケットに、おかわりをしたパンが入っていることもあった。母親は、送迎時、かなり急いでいるためあいさつ程度しかできていない。連絡帳も、見ているのかどうか不明であり、担任保育士は、ネグレクトを疑い、さらに注意深く観察をすることにした。

［事例5－3の解説］

①Cに、家での様子を聞いてみる（Cが信頼を寄せている保育士）⇒個人記録を取る（p.147 ～ 150参照）

- 「朝、ママに起こされてそのまま来る。夜は、ママがお仕事だからお姉ちゃんとお留守番。昨日は、パンを半分のこして食べた」

②同僚や主任、園長に報告をし、保育所全体での対応策を検討する。

⇒担任が、家庭の様子を母親に尋ねる。そのための時間をつくってもらうことをお願いする。

- 短時間ではあったが、次の仕事に行く前に話を聞くことができた。仕事をかけもちして朝から夜遅くまで働いても、生活が苦しい。お腹いっぱい食べさせてあげたくても、切り詰めなければならず、子どもたちに可哀想な思いをさせていることが辛い。時間がないため、夜は菓子パンやお握りを姉妹で分けて食べるよう置いておく。

③家庭状況を共有し、次の対応策を考え、実践する（個人記録は継続）

⇒Cが空腹そうで、日中活動にも支障がでる場合、他児に気づかれないよう別室で食べ物を提供する。このことは、母親の性格を見極め、依存を引き起こさないよう伝えるか否かを決める。また、デリケートな部分だけに、母親や子どもの自尊心を傷つけることのないよう、言動に配慮する。

図表5-8 保育所で貧困に気づいた場合の対応

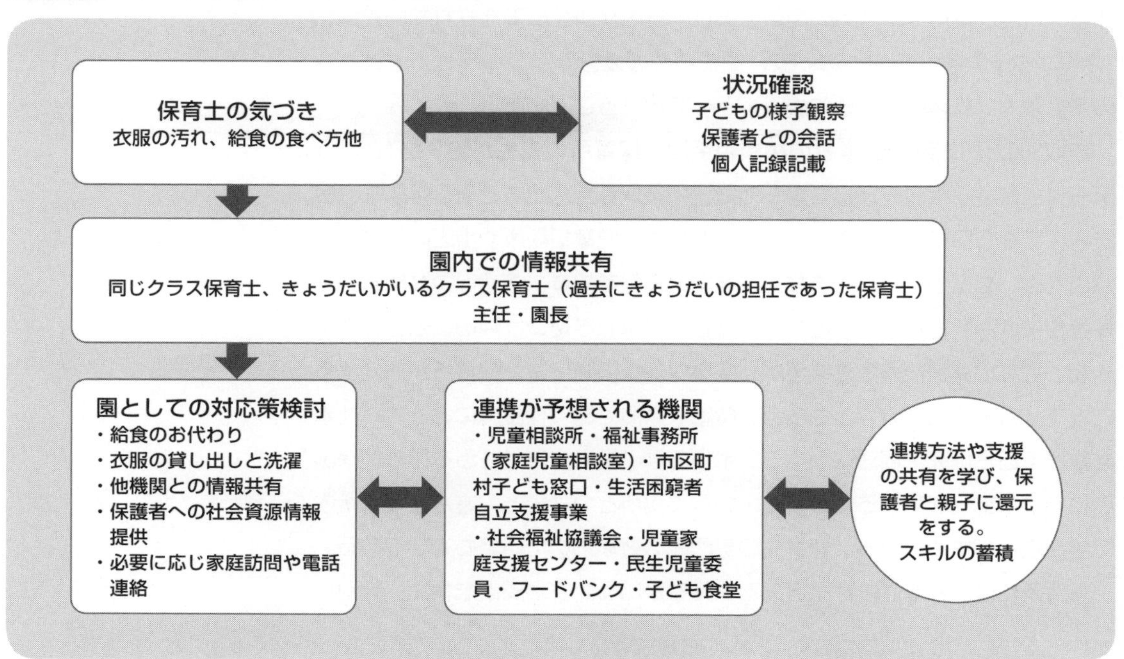

出所：「保育士・保育教諭として、子どもの貧困問題を考える～質の高い保育実践のために」，全国保育士会，2017を参考に著者作成

⇒利用できそうな地域の社会資源や事業の情報を提供する。

- 児童相談所、福祉事務所（家庭児童相談室）、姉の小学校との情報共有、生活困窮者自立支援事業、社会福祉協議会、児童家庭支援センター、フードバンク、子ども食堂

⇒母親が必要な機関とつながりやすいよう、保育所も他機関と連携をとり支援していきたいことを母に伝え、承諾を得る。

この事例は、状況から見ればネグレクトであるが、生活苦に起因するものであり、母は子どもへの愛情をもち、当たり前の暮らしをさせられないことに苦しんでいる。保護者支援をも役割とする保育士は、心身ともにギリギリのところでがんばっている母親の自尊心を尊重し、かつ、子どもの健全な成長発達を支える使命もある。保育所全体で母子を支援できるよう、さりげない眼差しを向け続けることが大切となる。そのような関係性が構築できれば、母親が困りごとや弱音を吐くことができる。保育士の眼差しと母親のSOSから、より重篤な状況に陥ることが防げるのである。

4 貧困問題を抱える家族への対応

「気になる子」がいた場合、その気になることが「貧困」に起因するものなのか、他の要因があるのか、背景にある生活課題を見極めることが必要である。貧困と虐待は紙一重の関係にあり、貧困がゆえに満たされない衣食住（ネグレクト）や、将来への不安、働きづめの疲労でイライラし、子どもへの暴言暴力（身体的、心理的虐待）として現れることもある。

年収300万円未満の保護者の相談相手は、保育所の先生が約 3 割[*2]というデータがある。相談先として選んでもらえる保育士だからこそ、可能な支援を考えてもらいたい。連携先、相談先として、児童相談所や市区町村子ども窓口をはじめとし、さまざまな支援機関の情報を知り、適切につなげる力も保育士には必要となる。子どもと保護者の自尊心を傷つけない、依存性を引き起こさない支援を基本とするが、多機関連携の際には、保育所が仲介することでスムーズに進むことも多い。時給や派遣で働く保護者にとって、仕事を抜けることは死活問題にもなる。余裕のない働き方をせざるを得ない保護者に適切な支援を届けるためにも、つなぐ場所とつなぎ方の方法を保育所内で学ぶことが求められる。連携先の専門職の方を招いた研修も有効である。

保育所には、さまざまな子どもと保護者がいる。生活課題を抱え、特別に

＊2　小西祐馬は、「乳幼児期の貧困と保育」のなかで、年収 300 万円未満の世帯の相談相手は、保育所の先生が 29.59%であるという調査結果を報告している。

支援をしてもらっているということが、周囲に不公平という感情を抱かせないよう十分な配慮が必要となる。

＜引用文献＞

1）阿部彩「東京都委託事業 子どもの生活実態調査詳細分析報告書」，2018

2）千葉県「子どもの生活実態調査」，2019

＜参考文献＞

1）柏女霊峰『保育所における子ども虐待防止』，OCTOBERぜんほきょう，2013

2）倉石哲也『保育現場の子ども虐待対応マニュアル ― 予防から発見・通告・支援のシステムづくり』，中央法規出版，2018

3）加藤尚子『子どものSOSを見逃さない！　保育者だからできること』，メイト，2019

4）阿部彩『子どもの貧困』，岩波書店，2011

5）小西祐馬「乳幼児期の貧困と保育」，2016

6）厚生労働省「国民生活基礎調査」，2015

演習❶ 他機関の連携のあり方を学ぶ

【ねらい】

- 虐待への気づきから通告までの手順を理解し、在宅支援となった場合の見守り等、要保護児童対策地域協議会を中心とした他機関連携のあり方を学ぶ。

【準備物】

模造紙、A４用紙、フェルトペン、ふせん

【演習の流れ】

❶ 5人前後のグループをつくる。

❷ 事例５－４を読み、「何か不自然」と気づいたときの個別記録を、A4用紙に各自作成する。

❸ 園内でできる協力体制を具体的に考え、A4用紙に書く（自分の園であったら）。

❹ 通告までの流れを確認する（通告のために必要な事項や、確認事項をふせんに記入する）。

❺ 要保護児童対策地域協議会の支援計画に上がっていると予想される保育所の役割を考え、ふせんに記入する。

❻ 一時保護を解除となり家庭で生活をする今後のDくんと家族への具体的な見守り・支援の方法を考え、ふせんに記入する。

❼ 個別記録、園内協力体制は、各自作成したものを発表する。❸～❺までは、模造紙に流れにそって貼っていき、お互いに確認をし、意見を出し合う。

❽ 可能であれば、子ども・保護者・担任・園長（人数により他の保育士）の役割になり、支援の流れにそって役割を演じてみる。

【事例５－４】

５歳Dは、３歳の妹Eと一緒に、２か月前に入園してきた。以前は、隣県の保育所に入園しており、Dにとっては３か所目の保育所となる。父親は33歳トラック運転手、母親は30歳スーパーでパートをしている。両親の祖父母は遠方に住んでおり、かかわりはほとんどない。父親の仕事は早朝から深夜に及ぶこともあり、送迎は母が行っている。Dは落ち着きがなく、よく転んだり物にぶつかったりするため、担任保育士は、日常的に手足にアザがあってもそのせいだろうと思っていた。保育所で転びアザができてしまったときに、担任が母親に説明をしたところ、「家でも落ち着きがなく困っているので、アザや傷は気にしないでください」と言われた。数日後の登園時（８：30）、口の脇が切れているため母親に確認すると、「階段から落ちた」との説明があった。この時点で「何か不自然」と感じた保育士は、主任・園長に報告・相談をし、記録を取り始め、保育所全体で様子を見ることとなった。

母親と別れてからDに傷のことを尋ねると、「わかんない」と答える。次の日は、左頬が腫れていたため母親に確認すると、「実は昨夜、疲れて帰宅した父親の近くで、DがEのおもちゃを取り上げたり叩いたりして泣かせていたため、父親もイラッとしてDの顔面を殴りました。昨日だけではなく、今までもありました。私も止められなくて……。Dも痛くて怖い思いをするのに、何で繰り返すのでしょうか」と涙ぐみながら話された。担任は保育業務があるため、一緒に聞いていた園長がその後を引き受け、打ち明けてくれたことへの感謝と、今まで辛かったことを労い、そのうえで、保育所には通告義務があることを伝える。母親は、最初は父親に怒られるとしぶっていたが、「Dくんの安全を守りながら、今後どのようにDくんとかかわっていったらよいか、また、ご両親の子育てや仕事の大変さの相談にものってもらいましょう。たぶんお父さんも困っていらっしゃると思いますよ。保育所も協力しますし、児童相談所は罰を与えるところではありません」と説明をし、納得してもらった。母親が打ち明けたという事実を内密にしてほしいとの強い要望があったため、保育所が発見し児童相談所へ通告をしたという形である。Dは、児童相談所に一時保護される。児童相談所からは、残されたきょうだいへの見守りを依頼される。児童相談所は両親との話し合いを重ね、父親は、すぐにカッとする自分を改める努力をし、２か月後に家庭復帰となる。そのあとは、要保護児童対策地域協議会ケースとなり、保育所の役割としてはDを中心に送迎時や連絡帳を通し家族を見守ることと、気になる傷や状況があればすぐに児童相談所に報告をすることになった。Dは一時保護中の心理診断・医学診断にて、**ADHD**と軽度の知的障害であることが判明した。それによって、両親も保育所もDの特徴にあった子育ての仕方をアドバイスしてもらえるようになった。

ADHD（注意欠如・多動性障害）
年齢または発達水準に不相応な不注意と多動・衝動性を特徴とする。この障害をもつ子どもは、自分の感情や行動をコントロールすることが苦手であることが多く、そのため、日常活動や学習に支障をきたす状態が見られる。

演習❷　事例から考える

【ねらい】

- 貧困家庭［事例５－５］の家庭の生活課題を考え、それに応じた支援のあり方について意見を出し合い、実践できるようにする。

【準備物】

ふせん、模造紙、フェルトペン

【演習の流れ】

❶ 5人前後のグループをつくる。

❷ 事例５－５を読んだうえで保護者役・子ども役・保育士役を決めて演じてみる。家庭の状況を知るため、保護者に確認することや子どもとの話し方など、具体的な状況を想定して演じ、お互いに感じたことや気づいたことを伝え合う。

❸ 保育所内でできる対応策や他機関との連携（どのような機関が想定されるか、どのように連携をとったらよいか）を考え、ふせんに記入する。

❹ 模造紙に記入したふせんを貼り、さまざまな対応方法があることを確認する。

❺ 対応方法を実践する際の留意点を話し合う。

【事例５－５】

- Ｆ３歳は、今日も昨日も一昨日も、同じ服を着ている。袖口には、給食のカレーの汚れが付いたままである。ズボンやパンツも黒ずんでおり、尿臭がする。

全国保育士会倫理綱領

すべての子どもは、豊かな愛情のなかで心身ともに健やかに育てられ、自ら伸びていく無限の可能性を持っています。

私たちは、子どもが現在(いま)を幸せに生活し、未来(あす)を生きる力を育てる保育の仕事に誇りと責任をもって、自らの人間性と専門性の向上に努め、一人ひとりの子どもを心から尊重し、次のことを行います。

私たちは、子どもの育ちを支えます。

私たちは、保護者の子育てを支えます。

私たちは、子どもと子育てにやさしい社会をつくります。

（子どもの最善の利益の尊重）

1．私たちは、一人ひとりの子どもの最善の利益を第一に考え、保育を通してその福祉を積極的に増進するよう努めます。

（子どもの発達保障）

2．私たちは、養護と教育が一体となった保育を通して、一人ひとりの子どもが心身ともに健康、安全で情緒の安定した生活ができる環境を用意し、生きる喜びと力を育むことを基本として、その健やかな育ちを支えます。

（保護者との協力）

3．私たちは、子どもと保護者のおかれた状況や意向を受けとめ、保護者とより良い協力関係を築きながら、子どもの育ちや子育てを支えます。

（プライバシーの保護）

4．私たちは、一人ひとりのプライバシーを保護するため、保育を通して知り得た個人の情報や秘密を守ります。

（チームワークと自己評価）

5．私たちは、職場におけるチームワークや、関係する他の専門機関との連携を大切にします。
また、自らの行う保育について、常に子どもの視点に立って自己評価を行い、保育の質の向上を図ります。

（利用者の代弁）

6．私たちは、日々の保育や子育て支援の活動を通して子どものニーズを受けとめ、子どもの立場に立ってそれを代弁します。
また、子育てをしているすべての保護者のニーズを受けとめ、それを代弁していくことも重要な役割と考え、行動します。

（地域の子育て支援）

7．私たちは、地域の人々や関係機関とともに子育てを支援し、そのネットワークにより、地域で子どもを育てる環境づくりに努めます。

（専門職としての責務）

8．私たちは、研修や自己研鑽を通して、常に自らの人間性と専門性の向上に努め、専門職としての責務を果たします。

（全国保育士会『全国保育士会倫理綱領』2003より作成）

監修・編著者の紹介

監　修　　ポピンズ国際乳幼児教育研究所

編著者　　徳永聖子（とくなが・せいこ）
清和大学短期大学部准教授

佐藤　恵（さとう・めぐみ）
清和大学短期大学部専任講師

柏女霊峰（かしわめ・れいほう）
淑徳大学教授

著　者　　佐藤まゆみ（さとう・まゆみ）
淑徳大学短期大学部准教授

初谷千鶴子（はつがい・ちづこ）
千葉女子専門学校専任教諭

執筆分担

徳永聖子　第３章

佐藤　恵　第４章

柏女霊峰　第１章

佐藤まゆみ　第２章

初谷千鶴子　第５章

保育士等キャリアアップ研修シリーズ 6
子育て支援・保護者支援
2021年3月12日　初版第1刷発行

監 修 者　ポピンズ国際乳幼児教育研究所
編 著 者　徳 永　聖 子・佐 藤　恵・柏 女　霊 峰
発 行 者　服 部　直 人
発 行 所　(株) 萌文書林
〒113–0021 東京都文京区本駒込6–25–6
Tel 03–3943–0576　Fax 03–3943–0567
https://www.houbun.com
info@houbun.com

印刷・製本　モリモト印刷株式会社　<検印省略>
装丁・本文デザイン　株式会社コーヤマ
装丁・本文イラスト　あべまれこ
本文レイアウト　ゲイザー
DTP制作　大関商会

©2021 Seiko Tokunaga, Megumi Sato, Reiho Kashiwame,
Poppins Corporation., *et al.* Printed in Japan
ISBN 978-4-89347-336-3 C3037

落丁・乱丁本は弊社までお送りください。送料弊社負担でお取り替えいたします。
本書の内容を一部または全部を無断で複写・複製、転記・転載することは、法律で認められた場合を除き、著作者および出版社の権利の侵害となります。
本書からの複写・複製、転記・転載をご希望の場合、あらかじめ弊社あてに許諾をお求めください。